高校档案文献编纂

马清芝 主 编

吉林科学技术出版社

图书在版编目（CIP）数据

高校档案文献编纂 / 马清芝主编. -- 长春 ： 吉林
科学技术出版社，2023.6
ISBN 978-7-5744-0624-7

Ⅰ．①高… Ⅱ．①马… Ⅲ．①高等学校－档案文献－
编辑工作－研究 Ⅳ．①G647.24

中国国家版本馆CIP数据核字（2023）第136439号

高校档案文献编纂

主　　编　马清芝
出 版 人　宛　霞
责任编辑　穆　楠
封面设计　梁　晶
制　　版　梁　晶
幅面尺寸　185mm×260mm
开　　本　16
字　　数　120 千字
印　　张　11.75
印　　数　1－1500 册
版　　次　2023年6月第1版
印　　次　2024年2月第1次印刷

出　　版　吉林科学技术出版社
发　　行　吉林科学技术出版社
地　　址　长春市福祉大路5788号
邮　　编　130118
发行部电话/传真　0431-81629529 81629530 81629531
　　　　　　　　　　81629532 81629533 81629534
储运部电话　0431-86059116
编辑部电话　0431-81629518
印　　刷　三河市嵩川印刷有限公司

书　　号　ISBN 978-7-5744-0624-7
定　　价　72.00元

前　言

　　高校档案工作与管理，包括档案的收集、整理、鉴定、保管、提供利用与编目、编研等内容，肩负着为高校可持续发展服务的重要任务，是高校的重要基础性工作。建国初期，我国高校档案工作与管理一直处于混乱和无序的局面，既没有专门的管理机构，也没有有效的管理办法，更没有专门的档案库房和专业的管理人员，是档案管理工作的"洪荒时代"；国家档案局于1954年11月成立，在1956年，国务院颁布了《关于加强国家档案工作的决定》；1987年，国家教委、国家档案局联合发布了《关于加强高等学校档案工作的几点意见》，1988年，《中华人民共和国档案法》颁布实施，1989年，国家教委制定了《普通高等学校档案管理办法》，经过实践应用与修订，新时代的《中华人民共和国档案法》在2021年1月颁布实施。经过广大高校深度参与，我国高校档案管理工作取得了巨大的进步，从无到有，发展从无序化到有序化，从分散化到集中化，从以纸质档案管理为主发展到纸质、电子档案管理并重的阶段。大数据的应用使高校档案从数据采集、挖掘、分析及管理范式等方面发生改变，电子档案管理为主必然是未来的高校档案管理的发展趋势。

　　中国高校档案文献数目众多，不利于高校档案文献研究者参阅。作者利用河南农业大学图书馆中国知网端口，以"档案"并含"高校"为题目进行高级检索，检索日期是2022年5月13日，共检索出18 444篇中文文献，包括核心期刊3109篇，文献发表时间跨度40余年（1981年—2022年）。经过分析，按照"高校档案管理与工作""高校人事档案与管理""高校教学档案与管理""高校学生档案与管理""高校档案信息化建设"分类条目，为了便于研究者参阅，作者对现有中国高校档案文献进行了收集、筛选、分类、加工、编纂。

　　在本书写作的过程中，得到了河南农业大学图书馆的大力支持，在此向河南农业大学图书馆表示感谢；同时感谢中国知网提供的有偿信息资源，感谢所有作者及单位对中国高校档案文献的贡献。

　　本书主要面向档案文献专业，也可为文献编纂、中国高校档案研究者提供参考。由于编者水平有限，疏漏之处在所难免，希望广大读者提出宝贵意见，以便今后修正。

目　　录

1

第一章　绪　论

高等学校档案（以下简称高校档案），是指高等学校从事招生、教学、科研、管理等活动直接形成的对学生、学校和社会有保存价值的各种文字、图表、声像等不同形式、载体的历史记录。为了提高高校档案管理水平，有效保护和利用档案，本书依托河南农业大学图书馆中国知网端口的电子文献资源，采用Citespace软件对所有中国高校档案文献进行分析，归纳总结我国档案数字化领域的研究热点以及发展趋势，旨在为中国高校文献档案研究与发展提供参考。

在中国知网中以"档案"并含"高校"为题目进行高级检索，检索日期是2022年5月13日，共检索出18 444篇中文文献，包括核心期刊3109篇，文献发表时间跨度40余年（1981年—2022年）。

根据知网高级检索文献的可视化分析可知，"档案"与"高校"的发文量逐年递增（见图1-1），2009年后，年均发文量在100篇上下浮动，2019年发文量最高，近3年有下降的趋势。使用文献计量法，运用Citespace可视化分析软件绘制知识图谱，通过节点和连线等要素，可以直观地展现我国高校档案研究的热点主题与演进历程。

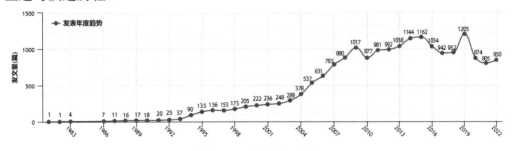

图1-1　年度发文量

将数据导入Citespace软件，节点类型选择Keyword，数据挑选标准选择Top100，未进行剪裁，输出高频关键词汇总表，导出关键词共现图谱（见图1-2）。

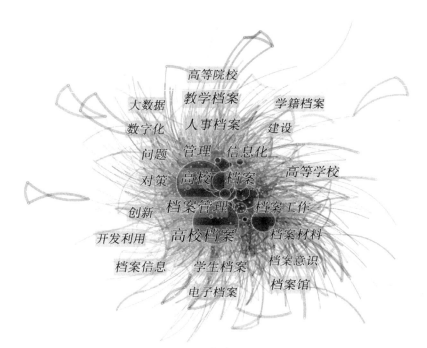

图1-2 关键词共现图谱

由于样本数据的检索条件是主题词为"档案"并含"高校"，所以在表1-1及以下对关键词频数和中介中心性的分析中均排除"档案""高校""高等学校""高校档案"等关键词的影响。

表1-1 高频关键词汇总（排名前10）

序号	频率	年份	关键词
1	2851	1995	档案管理
2	1350	1995	管理
3	837	2001	信息化
4	734	1999	对策
5	656	1995	人事档案
6	612	1995	教学档案
7	549	1999	问题
8	505	1995	档案工作
9	494	1995	档案材料
10	384	1997	学生档案

中介中心性是衡量目标节点作为"桥梁"联结其他节点的能力，是考察其在相关研究领域中核心程度的指标，值超过0.1可被称为关键节点，排名前10的关键节点结果如表1-2所示。结合表1-1可以看出，除"档案""高校""高等学校""高校档案"等关键词外，频数与中介中心性均排名靠前的有"档案管理""管理""信息化""人事档案""教学档案"等内容，而"档案馆""开发利用"等主题中介中心性高，但频数较低，说明是档案数字化领域相关研究的

基础性焦点内容,截至目前仍缺乏进一步分析与探索。

表1-2 关键节点汇总(排名前10)

序号	中介中心性	年份	关键词
1	0.19	1995	档案管理
2	0.1	1995	管理
3	0.08	1995	档案材料
4	0.08	1995	档案工作
5	0.08	1995	教学档案
6	0.06	1995	档案馆
7	0.06	2001	信息化
8	0.06	1995	人事档案
9	0.05	1995	开发利用
10	0.04	1999	对策

高频关键词与中介中心性均包含"档案管理""教学档案""信息化"等高频词,其中,"档案管理"的频次与中介中心性均位列第一。可见档案管理是高校档案领域相关研究的核心内容,且更侧重于档案材料管理工作的探讨。分析后发现重点研究主题有信息化、开发利用以及问题及对策,表明高校档案的发展历程中解决学生、教学、人事等相关档案信息是高校档案管理的主要工作。目前研究集中在信息化技术在高校档案中的融合与应用,以及大数据背景下档案管理模式的变革。

使用Citespace软件的Burstness设置Minimum Duration为3,得出我国高校档案排名前10的突现关键词(见图1-3),用来检测在短时间内发生急剧变化的主题内容,这是该时期的研究前沿,还可用来对研究热点进行解读。图中红色区域为热点词活跃年份,可以观察到共有10个突现关键词。

最早突现的关键词为"档案材料""档案部门""档案意识""文件材料"等,说明在研究初期,学者们就对高校档案的材料、部门及人员管理意识密切关注。同时,较为典型的文件材料、档案工作、档案信息的研究持续时间长,突现强度大,也是该时期的研究前沿。与前位关键词的突现值相比,"大数据"与"互联网+"的值近几年的突现程度较高,成为高校档案研究中的转折点。

将数据导入Citespace软件,节点类型选择Author,不选择Pruning,Threshold选择2,调整作者共现团节点,输出作者共现表(见表1-3),导出作者共现图谱(见图1-4)。其中,张倩和陈敏两位作者较为突出,在"档案""高校"方面的文献贡献量大,包括刘红、黄凡珏、刘静等作者对关注"档案""高校"的科学领域,对该类文献研究认可度高。

Top 10 Keywords with the Strongest Citation Bursts

Keywords	Year	Strength	Begin	End	1995 - 2022
档案材料	1995	92.07	**1995**	2007	
档案部门	1995	31.56	**1995**	2005	
档案意识	1995	30.14	**1995**	2007	
文件材料	1995	25.16	**1995**	2006	
档案工作	1995	39.86	**1996**	2005	
档案信息	1995	18.33	**1996**	2007	
教学评估	1995	35.92	**2005**	2009	
教学档案	1995	21.11	**2007**	2009	
大数据	1995	100.55	**2016**	2022	
互联网+	1995	20.77	**2017**	2022	

图1-3　历年突现关键词

表1-3　作者共现表（排名前10）

序号	频率	年份	作者
1	22	2005	张倩
2	20	2015	陈敏
3	19	2001	刘红
4	17	2013	黄凡珏
5	15	2011	刘静
6	13	1998	刘萍
7	13	2008	连红
8	12	2010	刘迎春
9	12	2010	周海燕
10	12	2010	李群

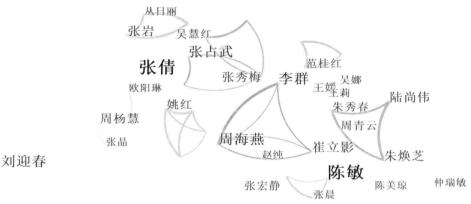

图1-4 作者共现图

在Citespace软件中，节点类型选择Institution，不选择Pruning，数据挑选标准选择Top50，输出机构共现表（见表1-4），导出机构共现图谱（见图1-5）。其中，西安医学院、晋中师范高等专科学校、宁夏大学、潍坊学院等的发文频率较高，包括哈尔滨工程大学档案馆、中原工学院、吕梁教育学院等机构对高校档案领域研究较多。

表1-4 机构共现图（排名前10）

序号	频率	年份	机构
1	53	2015	西安医学院
2	43	2016	晋中师范高等专科学校
3	42	2008	宁夏大学
4	40	2009	潍坊学院
5	34	2009	哈尔滨工程大学档案馆
6	33	2010	中原工学院
7	33	2012	吕梁教育学院
8	32	2010	南阳医学高等专科学校
9	29	2009	宝鸡文理学院
10	28	2011	右江民族医学院

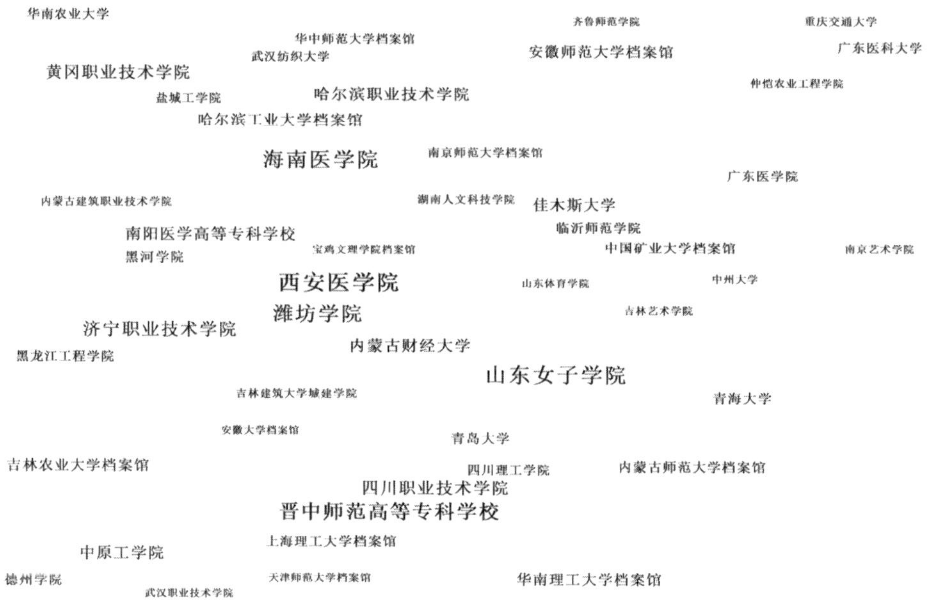

华南农业大学

华中师范大学档案馆　　　　　　　　　齐鲁师范学院　　　　　　　　重庆交通大学
武汉纺织大学　　　　　　　　安徽师范大学档案馆　　　　　　　　广东医科大学
黄冈职业技术学院
盐城工学院　　　　哈尔滨职业技术学院　　　　　　　　　　　仲恺农业工程学院
哈尔滨工业大学档案馆
海南医学院　　　　南京师范大学档案馆　　　　　　　广东医学院
内蒙古建筑职业技术学院　　　　湖南人文科技学院　　佳木斯大学
南阳医学高等专科学校　　　　　　　　临沂师范学院
黑河学院　　　　　宝鸡文理学院档案馆　　　　　中国矿业大学档案馆　　　　南京艺术学院
西安医学院　　　　　山东体育学院　　　中州大学
济宁职业技术学院　　潍坊学院　　　　　　　　　吉林艺术学院
黑龙江工程学院　　　　　　　内蒙古财经大学
山东女子学院　　　　　　青海大学
吉林建筑大学城建学院
安徽大学档案馆　　　　青岛大学
吉林农业大学档案馆　　　　　四川理工学院　　内蒙古师范大学档案馆
四川职业技术学院
晋中师范高等专科学校
中原工学院　　　上海理工大学档案馆
德州学院　　　　　天津师范大学档案馆　　　　华南理工大学档案馆
武汉职业技术学院

图1-5　机构共现图

在Citespace软件中，节点类型选择Source，不选择Pruning，Threshold选择2，调整期刊共现团节点，输出期刊共现表（见表1-5），导出期刊共现图谱（见图1-6）。浙江档案、档案与建设、档案管理的发文频率较高，属于该期刊的热点研究内容。

表1-5　期刊共现图（排名前10）

序号	频率	年份	期刊
1	35	1988	浙江档案
2	33	1986	档案与建设
3	30	1993	档案管理
4	28	1994	北京档案
5	28	1994	黑龙江档案
6	28	1995	兰台世界
7	27	1987	档案学通讯
8	27	1996	兰台内外
9	26	1996	档案天地
10	26	1996	机电兵船档案

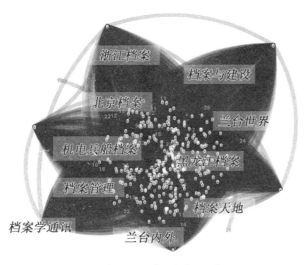

图1-6 期刊共现图

近年来，高校档案研究呈现多元化、社会化的发展趋势，表现为研究领域的扩张、研究主题的增多、研究项目的细化以及与其他学科的交叉融合。高校档案的研究经过多年的发展，已经从早期的文件材料、部门管理等研究内容向"大数据""互联网+"等新兴概念延伸。在信息化社会的背景下，相信高校档案的建设、向数据化转变以实现信息资源深度挖掘和电子文件纵深发展、档案信息安全保障体系以及高新技术的结合应用将会是未来几年研究和实践的重点内容。

中国高校档案文献数目众多，为了便于参考使用，按照"高校档案管理与工作""高校人事档案与管理""高校教学档案与管理""高校学生档案与管理""高校档案信息化建设"条目，对现有中国高校档案文献进行收集、筛选、分类、加工、编纂，其编纂成果被编排在第二章至第六章。

第二章　高校档案管理与工作

高校档案管理与工作文献的编纂成果如下：

［1］王琴．档案记忆观对高校档案管理的启示［J］．办公室业务，2022，17（8）：68-69.

［2］赵志杰．新媒体环境对高校档案管理的影响及对策创新研究［J］．兰台内外，2022，22（7）：28-30.

［3］范秀丽．新媒体环境对高校档案管理的影响及应对措施分析［J］．兰台内外，2022，14（7）：34-36.

［4］蔡丽娜．高校档案工作融入"三全育人"实践探析［J］．办公室业务，2022，13（4）：158-159.

［5］辛健．新时代高校档案工作思想政治教育功能的理性思考［J］．山东商业职业技术学院学报，2022，22（1）：70-72+81.

［6］赵作严．数字信息化背景下高校档案管理探究［J］．黑龙江人力资源和社会保障，2022，13（3）：104-106.

［7］黄利敏．高校档案育人功能发挥的SWOT分析［J］．办公室业务，2022，12（3）：80-82.

［8］郭震．信息化背景下高校档案管理建设工作研究［J］．信息记录材料，2022，23（2）：44-46.

［9］张兴，张鹏，刘筱月．高校档案的文化价值及其实现路径［J］．内蒙古科技与经济，2022，17（2）：147-149.

［10］周峰．高校档案管理过程中公共服务质量优化问题研究［J］．办公室业务，2022，6（2）：143-144.

［11］王丹丹，常永亮，姜曼．新时代高校档案管理工作创新路径探究［J］．档案天地，2022，5（1）：29-31.

［12］靳海进．论高校档案助力校园文化发展［J］．黑龙江档案，2021，14（6）：52-53.

［13］王娜．新媒体环境对高校档案管理的影响及创新策略［J］．黑龙江档案，2021，8（6）：60-61.

［14］曾小武．浅谈高校档案工作中的法律立法问题［J］．黑龙江档案，

2021，16（6）：246-247.

[15] 万秀萍. 立德树人视域下高校档案管理育人路径研究［J］. 兰台内外，2021，17（36）：43-44.

[16] 冯四清. 高校档案工作的表现形态与问题呈现［J］. 办公室业务，2021，6（24）：166-167.

[17] 孙海燕. 数字校园环境下高校档案管理探析［J］. 城建档案，2021，17（12）：97-98.

[18] 颜丛. 新《档案法》背景下高校档案工作职业危机与对策［J］. 莆田学院学报，2021，28（6）：98-101+108.

[19] 王萌. 人工智能技术提高高校档案管理效率的运用研究［J］. 智慧中国，2021，8（12）：94-95.

[20] 马文青，孙秀芸. 信息时代高校档案管理工作面临的问题及对策浅析［J］. 科技视界，2021，6（36）：61-63.

[21] 李文琼. 大数据挖掘技术在高校档案管理中的运用［J］. 郑州铁路职业技术学院学报，2021，33（4）：106-107+112.

[22] 张霞，刘琳，李钟慧. "1331工程"提质增效建设背景下高校档案队伍建设优化策略［J］. 兰台内外，2021，5（35）：79-81.

[23] 马文青，林峰. 高校档案管理质量保障体系建设现状及其途径浅析［J］. 科技视界，2021，8（35）：180-182.

[24] 郭淼. 基于文化价值的高校档案开发与利用［J］. 吉林农业科技学院学报，2021，30（6）：59-61.

[25] 刘家宝. 论高校档案工作的服务创新［J］. 大众标准化，2021，6（23）：133-135.

[26] 肖宁生. 信息资源共享环境下高校档案管理共享与共建研究［J］. 兰台世界，2021，15（12）：123-125.

[27] 潘秀明，施秀平.《档案法》修订背景下高校档案管理的趋向与途径［J］. 兰台内外，2021，9（33）：43-44.

[28] 高楠. 智慧校园下的高校档案管理研究［J］. 城建档案，2021，7（11）：77-78.

[29] 卢青. 新媒体环境对高校档案管理工作的影响及对策探讨［J］. 黑龙江人力资源和社会保障，2021，14（19）：109-111.

[30] 刘家宝. 物联网在高校档案管理中的应用探索［J］. 大众标准化，2021，9（22）：240-242.

［31］钱秀芳，赵小荣．区块链技术在高校档案工作中的应用研究［J］．档案与建设，2021，9（11）：59-62．

［32］巨敏莲．"互联网+"环境下高校档案工作模式创新管见［J］．兰台内外，2021，4（32）：73-75．

［33］黄福泉．互联网时代高校档案数字化资源的建设研究［J］．西部皮革，2021，43（21）：49-50．

［34］杜娟，刘永兴，黄余．信息化背景下高校档案管理工作发展困境与对策研究［J］．黑龙江人力资源和社会保障，2021，36（18）：52-54．

［35］晋晓辉．高校档案管理数字化及档案管理创新［J］．兰台世界，2021，15（11）：92-94．

［36］陈瑾．基于大数据视角下高校档案工作与治理体系建设研究［J］．兰台内外，2021，9（31）：64-66．

［37］房洁．大数据时代高校档案管理的应对方式分析［J］．现代企业，2021，12（11）：150-151．

［38］刘英，张占武．高校档案与校园文化建设［J］．城建档案，2021，13（10）：107-109．

［39］黄欣莹，卢嘉慧．"三全育人"视阈下高校档案育人探析［J］．创新创业理论研究与实践，2021，4（20）：62-64+74．

［40］王瑞．新公共服务视域下高校档案管理的创新与优化［J］．山西大同大学学报（社会科学版），2021，35（5）：27-30．

［41］张颖．加强高校档案工作建设的路径研究——以吉林农业大学为例［J］．吉林农业科技学院学报，2021，30（5）：76-78．

［42］李怡红．信息化时代高校档案管理规范化实施策略［J］．广西教育，2021，（39）：122-123+144．

［43］朱婷婷．高校档案在身份认同中的价值体现［J］．兰台世界，2021，6（10）：52-54+59．

［44］杨玲花．物联网在高校档案管理中的应用方法初探［J］．科技视界，2021，9（28）：61-62．

［45］郭华．浅论信息化背景下的高校档案管理［J］．文化创新比较研究，2021，5（28）：70-73．

［46］张雅平，游秀芬．基于PMC指数模型的高校档案管理政策量化评价［J］．河北北方学院学报（自然科学版），2021，37（9）：35-39．

［47］张红梅．大数据时代背景下高校档案管理工作研究［J］．办公室业务，2021，14（18）：163-164．

[48] 吴青霞，廖利香．信息化条件下高校档案工作的转型研究 [J]．办公室业务，2021，19（18）：165-166．

[49] 黄静．信息技术在民族地区高校档案工作中的有效运用 [J]．兰台内外，2021，23（25）：19-21．

[50] 刘晓瑛．高校档案工作在校园文化建设中的作用和意义 [J]．兰台内外，2021，23（25）：67-69．

[51] 张红，芦彦波．高校档案管理工作治理体系现代化路径探究 [J]．黑龙江档案，2021，19（4）：46-47．

[52] 魏自鹏．智慧校园下高校档案工作的挑战与对策 [J]．黑龙江档案，2021，14（4）：204-205．

[53] 郭蓉．网络环境下高校档案风险防控研究 [J]．兰台内外，2021，16（24）：62-63．

[54] 潘君．河南省民办高校档案管理研究 [J]．河南农业，2021，17（24）：6-9+12．

[55] 于凤仙．浅谈高校档案工作如何服务大学文化建设 [J]．兰台内外，2021，22（23）：54-56．

[56] 石贞贞．高校档案管理工作的信息化建设探究 [J]．兰台内外，2021，23（22）：1-3．

[57] 臧敏．网络时代高校档案管理信息化模式研究 [J]．兰台内外，2021，23（22）：10-13．

[58] 李彩虹．数字化校园背景下高校档案管理模式研究 [J]．兰台内外，2021，14（22）：14-16．

[59] 朱明国．大数据环境下的高校档案管理分析 [J]．数字通信世界，2021，9（8）：279-280．

[60] 李燕．高校档案管理工作育人功能研究 [J]．产业与科技论坛，2021，20（15）：275-276．

[61] 李翠艳．高校档案计算机技术数字化安全管理策略 [J]．办公自动化，2021，26（14）：45-46．

[62] 李建春．高校档案管理中信息资源共享意义与构建方法研究 [J]．兰台内外，2021，17（20）：28-30．

[63] 丁志高，井泓全，付杰，马林刚．大数据背景下高校档案精益化管理探究与思考 [J]．兰台世界，2021，8（7）：95-97．

[64] 李靖．西藏高校档案工作改进及发展导向——基于西藏民族大学档案工作情况 [J]．兰台世界，2021，8（7）：101-105+132．

［65］石贞贞．"互联网+"背景下高校档案管理工作创新探究［J］．兰台内外，2021，17（19）：19-21.

［66］丁夕．高校档案工作模式研究——基于北京地区部分高校档案机构的调研分析［J］．办公室业务，2021，14（13）：133-136+139.

［67］贺昕．大数据时代高校档案管理信息化建设探索［J］．产业与科技论坛，2021，20（13）：279-280.

［68］黄晓丹．邮件合并功能在高校档案管理工作中的应用［J］．中原工学院学报，2021，32（3）：85-88.

［69］许越鸥．基于信息技术的高校档案服务模式研究［J］．信息与电脑（理论版），2021，33（12）：29-31.

［70］李松．大数据时代背景下的高校档案管理工作研究［J］．黑龙江档案，2021，9（3）：56-57.

［71］张洪婷．大数据时代高校档案工作分析［J］．黑龙江档案，2021，9（3）：224-225.

［72］臧国栋．信息化管理在高校档案工作中的应用［J］．黑龙江档案，2021，9（3）：236-237.

［73］赵雪梅．刍议新形势下做好高校档案管理工作的路径［J］．兰台世界，2021，9（1）：58-59.

［74］李秀．新时代高校档案治理现代化的策略［J］．沈阳大学学报（社会科学版），2021，23（3）：353-357.

［75］周晓芸．探析新《档案法》实施背景下高校档案工作发展方向［J］．档案天地，2021，16（6）：30-31+64.

［76］张洪婷．云南边境地州高校档案工作管理问题思考［J］．红河学院学报，2021，19（3）：158-160.

［77］赵善栋．信息共享视域下高校档案数据共享策略［J］．兰台世界，2021，28（6）：128-130.

［78］王秀云，刘加威．信息化条件下高校档案人才培养机制［J］．机电兵船档案，2021，9（3）：44-45.

［79］谢俊英．新时期成人高校档案工作问题解析及对策研究［J］．办公室业务，2021，9（11）：137-139.

［80］石贞贞．信息化时代高校档案管理工作模式的重构［J］．办公室业务，2021，22（11）：140-141.

［81］许淼，王长建．新冠肺炎疫情影响下高校档案工作新思考——以A大学档案馆为例［J］．办公室业务，2021，25（10）：86+98.

［82］赵莉．高校档案监督指导工作精细化管理研究［J］．北京档案，2021，16（5）：34-36．

［83］郭沙沙．基于云计算的高校档案管理系统设计［J］．冶金管理，2021，17（9）：191-192．

［84］赵东龙．高校档案管理工作的现状与对策探讨［J］．档案管理，2021，16（3）：121-122．

［85］黄玉花．新时期提升高校档案管理服务水平策略研究［J］．科技资讯，2021，19（14）：125-127．

［86］王来东．大数据背景下山东高校档案管理创新研究［J］．山东理工大学学报（社会科学版），2021，37（3）：108-112．

［87］石贞贞．信息化环境下的高校档案管理工作研究［J］．办公室业务，2021，9（9）：134-135．

［88］陶永建．高校档案工作高质量发展评价体系研究［J］．浙江档案，2021，9（4）：52-54．

［89］周虹．高校档案管理信息化工作优化策略探讨［J］．文化产业，2021，15（12）：124-125．

［90］卓小柳．大数据时代高校档案管理初探［J］．城建档案，2021，9（4）：74-75．

［91］朱丽红．信息化在高校档案管理中的应用研究［J］．无线互联科技，2021，18（7）：92-93．

［92］严唤唤．关于智慧校园背景下的高校档案管理探索［J］．山西青年，2021，15（4）：122-123．

［93］崔洁．信息时代高校档案管理需注意的问题［J］．兰台内外，2021，13（1）：28-30．

［94］王树娴．大数据背景下高校档案管理模式创新研究［J］．城建档案，2020，12（11）：103-104．

［95］袁小燕．如何提升数字化环境下高校档案管理质量的相关策略［J］．大众标准化，2020，15（22）：13-14．

［96］程连心．新形势下高校档案工作及校园文化的建设对策［J］．大众标准化，2020，14（21）：253-254．

［97］韩卓泉．大数据环境下高校档案管理新探索［J］．兰台内外，2020，18（34）：22-24．

［98］许德斌．高校档案工作信息化建设路径研究［J］．黔南民族师范学院学报，2020，40（5）：126-128．

［99］薛玉洁. "双一流"视域下高校档案工作探究［J］. 黑龙江档案，2020，9（5）：77-79.

［100］付煜. 信息资源共享背景下高校档案管理共建与共享［J］. 档案管理，2020，16（5）：69-70.

［101］梁飞，王晨加. 加强"三个体系"建设促进高校档案工作发展［J］. 遵义师范学院学报，2020，22（3）：174-176.

［102］吴倩. 信息化背景下的高校档案管理新探［J］. 长江丛刊，2020，29（17）：87-88.

［103］张博. 基于质量管理的高校档案管理流程研究［D］. 济南：山东大学，2020.

［104］王霞. 新时代下高校档案管理的困境与改革路径探析［J］. 现代商贸工业，2020，41（14）：43-44.

［105］贺冰花. 大数据背景下高校档案工作发展对策［J］. 办公室业务，2020，149（8）：159-160.

［106］姚树静. 新冠肺炎疫情防控期间高校档案工作探索［J］. 山东广播电视大学学报，2020，54（2）：86-88.

［107］胡莹，刘大巧. 基于"双一流"建设的高校档案工作优化若干思考［J］. 档案管理，2020，54（2）：47-50.

［108］李淑华. 基于智慧校园建设下的高校档案管理机制研究［J］. 档案管理，2020，41（2）：80-81.

［109］赵悦. 浅析高校档案工作中存在的问题及对策［J］. 才智，2020，33（8）：225.

［110］欧阳琳，刘英姿. 高校档案工作体系建设的困境与改革对策［J］. 兰台世界，2020，18（3）：71-73.

［111］付煜. 探析新时期高校档案管理方式的改进［J］. 兰台内外，2020，42（7）：21-22.

［112］董金玲. 大数据背景下高校档案管理研究［J］. 兰台内外，2020，42（3）：63-64.

［113］武韶佳. 基于大数据基础的高校档案管理服务模式再造［J］. 兰台内外，2020，24（2）：73-74.

［114］李高平. 高校档案管理工作存在的问题及对策研究［J］. 才智，2019，33（36）：217.

［115］王瑞. 信息技术背景下高校档案管理创新路径研究［J］. 城建档案，2019，34（12）：67-68.

［116］耿硕，徐彦红．高校档案管理生态系统要素及其相互关系研究［J］．北京档案，2019，39（12）：37-39.

［117］段新宇．高校档案管理存在的问题与对策分析［J］．才智，2019，29（35）：235.

［118］欧阳琳，刘英姿．加强高校档案管理工作现代化建设的新思路——以邵阳学院为例［J］．档案时空，2019，37（12）：38-39.

［119］郑淇．从信息公开看高校档案管理开放性的价值取向［J］．黑龙江教育（高教研究与评估），2019，32（11）：63-64.

［120］韩云松．信息化背景下的高校档案管理探究［J］．财富生活，2019，26（22）：121-122.

［121］李静，徐旭冉．高校档案管理与保密工作［J］．现代职业教育，2019，26（31）：180-181.

［122］李婷．大数据时代高校档案管理理念的转变［J］．兰台内外，2019，33（31）：9-10.

［123］韩云松．新形势下高校档案管理工作的创新思考［J］．财富生活，2019，17（20）：197-198.

［124］朱昶敏．浅析创新对于高校档案管理的重要性［J］．档案时空，2019，13（10）：44-45.

［125］郭志鹏．新时期高校档案管理保密工作研究［J］．办公室业务，2019，14（19）：149+151.

［126］田卫庆．信息时代高校档案管理应注意的若干问题［J］．吕梁教育学院学报，2019，36（3）：50-51.

［127］郭杨．浅析"互联网+"背景下高校档案工作［J］．湖北第二师范学院学报，2019，36（9）：105-108.

［128］王玉慧．高校档案管理现状及信息化的几点认识［J］．兰台内外，2019，36（25）：15-16.

［129］韦琳．基于高校档案管理信息体系建设优化机制研究［J］．兰台内外，2019，27（25）：20-21.

［130］于娜．解放思想推动高校档案工作高质量发展［J］．办公室业务，2019，23（17）：126-127.

［131］刘畅．数字信息化背景下高校档案管理创新探讨［J］．产业与科技论坛，2019，18（17）：258-259.

［132］王云．高校档案管理中电子档案应用的利弊分析及建议［J］．智库时代，2019，30（37）：111-112.

［133］侯雄．信息化背景下高校档案管理研究［J］．办公室业务，2019，19（16）：146-147.

［134］徐香郇．高校档案管理信息化建设的现状与对策［J］．科学大众（科学教育），2019，27（8）：154.

［135］郭志鹏．试论高校档案管理工作中的保密及其利用［J］．兰台内外，2019，40（23）：28-29.

［136］郭玥枇．数字校园下高校档案工作业务流程重组［J］．轻纺工业与技术，2019，48（7）：76-77.

［137］杨艳红．区块链技术在高校档案管理中的应用可行性探究［J］．城建档案，2019，（7）：87-88.

［138］李海霞．数字信息化背景下高校档案管理的创新措施［J］．智库时代，2019，（31）：101-102.

「139］张蕾．高校档案管理工作探析［J］．陕西教育（高教），2019，（7）：32-33.

［140］曹兴华．全面从严治党背景下高校档案工作研究［J］．兰台世界，2019，（7）：102-103.

［141］王莉．可视化技术在高校档案管理中的应用［J］．城建档案，2019，9（6）：70-71.

［142］王卓．信息资源共享视角下高校档案管理模式思考［J］．档案时空，2019，9（6）：15-16.

［143］金芳．信息时代高校档案管理人才培养问题探究［J］．武汉冶金管理干部学院学报，2019，29（2）：90-92.

［144］郭未艾．大数据时代高校档案管理模式的创新分析［J］．智库时代，2019，17（25）：65+110.

［145］郭未艾．信息化时代的高校档案管理探析［J］．信息记录材料，2019，20（6）：188-189.

［146］张蕊．新媒体环境下我国高校档案宣传工作研究［D］．沈阳：辽宁大学，2019.

［147］周亚芳．精细化管理基础下高校档案工作中的实践［J］．传媒论坛，2019，2（9）：147+149.

［148］李芙一．信息化环境下高校档案管理改革［J］．信息记录材料，2019，20（5）：162-163.

［149］燕珊．"互联网+"背景下高校档案管理现状及对策探究［J］．城建档案，2019，13（4）：62-63.

［150］张欢欢．新形势下高校档案管理模式优化研究［J］．办公室业务，2019，18（8）：156.

［151］朱力．"卷件融合"管理模式在高校档案工作中的实际运用［J］．北京档案，2019，3（4）：24-26.

［152］张晶．构建高校档案管理应用"6S"安全管理模式［J］．决策探索（中），2019，9（4）：12-13.

［153］黄凡珏．浅谈"互联网+"背景下新媒体技术在民族地区高校档案工作中的运用［J］．档案时空，2019，14（4）：62-64.

［154］刘雪宁．提高高校档案管理工作措施探析［J］．办公室业务，2019，2（7）：99.

［155］杨阳，关英慧．数字化背景下的高校档案管理探析［J］．办公室业务，2019，2（7）：104.

［156］董佳．"互联网+"时代高校档案管理信息化管理存在的问题与对策［J］．智库时代，2019，20（13）：77+79.

［157］蒋峰，崔献．新形势下高校档案管理工作浅议［J］．科技创新导报，2019，16（10）：195+197.

［158］王雪芹．新时期构建高校档案工作新模式探析［J］．宿州学院学报，2019，34（3）：34-36+64.

［159］陈秋妹．关于高校档案管理质量保障体系构建的分析［J］．兰台内外，2019，20（5）：19-20.

［160］李曦强．大数据环境下高校档案工作探析［J］．黑龙江档案，2019，20（1）：36-37.

［161］王秀君．高校档案管理质量保障体系的构建路径思考［J］．智库时代，2019，20（6）：96+114.

［162］李洪洋．基于信息资源共享模式的高校档案管理［J］．黑龙江档案，2018，31（6）：40-41.

［163］周爱芳．新时期高校档案工作走向——加速高校档案管理现代化进程［J］．兰台内外，2018，31（12）：17-18.

［164］张爽．基于数字化背景下的高校档案管理探析［J］．教育现代化，2018，5（50）：165-166.

［165］王丽．知识经济时代高校档案管理模式初探［J］．青春岁月，2018，9（23）：57.

［166］李娇．大数据环境下高校档案管理探析［J］．兰台内外，2018，12（11）：53-54.

［167］张岩．高校档案管理的现代化建设研究［J］．赤峰学院学报（自然科学版），2018，34（11）：130-131.

［168］靳红．信息数字化对高校档案管理的影响［J］．电子技术与软件工程，2018，33（21）：239.

［169］杨立荣．基于信息资源共享的高校档案管理模式探讨［J］．兰台内外，2018，32（6）：43-44.

［170］叶文玲．新形势下加强高校档案管理工作的思考［J］．办公室业务，2018，62（19）：120-121.

［171］杨旭中．信息化视域下的高校档案管理创新［J］．山西档案，2018，29（6）：47-49.

［172］安娜．高校档案管理的现状及对策探究［J］．教育现代化，2018，5（37）：299-300.

［173］王智，熊华琳，许艳．网络时代高校档案管理信息化模式研究［J］．兰台世界，2018，5（9）：99-102.

［174］杨柳．大数据时代数据挖掘技术在高校档案管理中的应用［J］．办公室业务，2018，5（17）：119-120.

［175］张亚伦．基于大数据背景下的高校档案工作研究［J］．医学教育管理，2018，4（1）：244-246.

［176］颜冬英．信息经济环境下高校档案工作创新的思考［J］．现代营销（创富信息版），2018，20（8）：41.

［177］潘若雯．高校档案管理的创新研究［J］．时代报告，2018，26（7）：161.

［178］田萌．高校档案工作规范化和标准化管理探讨［J］．赤峰学院学报（自然科学版），2018，34（7）：122-123.

［179］何玉兰．信息化背景下高校档案管理建设工作研究［J］．信息记录材料，2018，19（7）：205-206.

［180］成兴萍．信息化背景下高校档案管理研究［J］．吕梁教育学院学报，2018，35（2）：86-87.

［181］毛星星．湖南省民办高校档案管理研究［D］．湘潭：湘潭大学，2018.

［182］马玲．信息化时代高校档案管理存在的危机及对策探讨［J］．管理观察，2018，38（12）：123-124.

［183］纪华恩．大数据背景下的高校档案工作发展态势［J］．兰台内外，2018，56（2）：39-40.

［184］张莉旻．高校档案管理中信息资源共享模式的构建［J］．办公室业务，2018，20（8）：84-85．

［185］解学香．基于大数据的高校档案管理模式创新［J］．高考，2018，23（3）：11．

［186］王瑜．信息共享视角下的高校档案管理模式优化策略探析［J］．江西电力职业技术学院学报，2018，31（1）：17-18．

［187］张雪花．高校档案管理工作在文化建设中的作用分析［J］．现代经济信息，2018，30（1）：405+407．

［188］林秀．高校档案信息化管理问题及对策研究［D］．福州：福建师范大学，2017．

［189］王芗馨．信息资源共享背景下的高校档案管理模式研究［J］．兰台内外，2017，9（5）：22．

［190］戴丽虹．刍议情感内涵与高校档案管理工作［J］．赤峰学院学报（自然科学版），2017，33（20）：151-153．

［191］张咏梅．精细化管理在高校档案工作中的实践与探究［J］．管理观察，2017，20（29）：131-132．

［192］陈健民．基于信息化时代背景下的高校档案管理工作研究［J］．济南职业学院学报，2017，33（5）：122-124．

［193］王艳婕．高校档案管理现状及对策分析［J］．吉林化工学院学报，2017，34（10）：105-107．

［194］修雪丽．如何构建高校档案工作新模式［J］．办公室业务，2017，39（18）：142．

［195］王海鹰．以人为本理念下的高校档案管理研究［J］．佳木斯职业学院学报，2017，6（9）：477．

［196］夏刚．数字信息化背景下高校档案管理的创新措施［J］．兰台世界，2017，20（18）：53-55．

［197］朱培芳．新形势下创新高校档案管理工作的实践与思考［J］．兰台世界，2017，23（17）：67-69．

［198］毕鹏瑶．基于大数据基础上的高校档案管理服务模式再造［J］．科技创新导报，2017，14（25）：253-254．

［199］曹兴华．集体记忆视角下高校档案管理工作研究［J］．兰台世界，2017，38（16）：11-13．

［200］田梦．高校档案管理模式创新的路径探析［J］．才智，2017，25（23）：75．

［201］蒋珍．高校档案管理模式创新思考［J］．大众文艺，2017，36（13）：279．

［202］陈祯．以美学为导向开展高校档案管理的创新性思考［J］．兰台世界，2017，（13）：55-57．

［203］贾正，李璞金．受众理论视域下的高校档案文创产品研究［J］．兰台内外，2020，20（3）：15-16．

［204］于鲁霞．新形势下高校档案管理机制创新研究［J］．现代国企研究，2017，30（12）：106．

［205］吕婷．数字信息化背景下高校档案管理的创新路径研究［J］．山西青年，2017，33（12）：198．

［206］田梦．高校档案管理在高校文化建设中所起的作用［J］．科技资讯，2017，15（17）：221-222．

［207］王韶频．基于ISO9000族标准的高校档案工作质量管理和评估体系构建探析［J］．科技创新导报，2017，14（16）：210-211．

［208］付璐，刘洋．高校档案工作的价值定位［J］．知音励志，2017，20（9）：152．

［209］王丽莎，李鹏．浅谈高校档案工作的重要性［J］．长江丛刊，2017，26（14）：222．

［210］宋林亚．高校档案管理工作创新模式研究［J］．散文百家（新语文活页），2017，5（5）：183．

［211］李梅．新媒体环境下高校档案管理工作的探析［J］．祖国，2017，4（9）：99．

［212］孙红．加强高校档案管理工作的探析［J］．课程教育研究，2017，6（18）：249-250．

［213］陈竹．信息化背景下的高校档案管理探讨［J］．中国管理信息化，2017，20（9）：184-185．

［214］刘可．互联网+背景下高校档案管理存在的问题及对策探讨［J］．科技创新导报，2017，14（12）：182-183．

［215］于蕾，李英，罗正里，郑锴．某高校档案工作人员素质调查报告［J］．管理观察，2017，（9）：106-107．

［216］童静．服务意识对高校档案管理工作的影响［J］．黑河学院学报，2017，8（3）：219-220．

［217］刘晓瑛．我国高校档案管理工作创新研究［J］．西部皮革，2017，39（4）：273．

[218] 徐小莉．体制改革背景下高校档案管理措施探讨［J］．赤峰学院学报（自然科学版），2020，36（1）：94-95．

[219] 陈爱恋．高校档案管理采用条形码技术研究［J］．黑龙江档案，2017，9（1）：33-34．

[220] 郭艳．"互联网+"下的高校档案工作与大学生思想政治教育研究［J］．办公室业务，2017，9（1）：67．

[221] 汪慧．高校档案管理工作存在的主要问题及策略研究［J］．赤子（上中旬），2016，23（24）：147．

[222] 李鸿．"互联网+"环境下高校档案管理方式探析［J］．城建档案，2016，9（11）：57-59．

[223] 刘琪．河南省高校档案工作问题调查及对策研究［J］．兰台世界，2016，1（20）：10-13．

[224] 魏红．高校档案管理服务职能及如何有效发挥其作用［J］．长江丛刊，2016，2（28）：232-233．

[225] 刘萌．适应创业教育的高校档案管理研究［J］．浙江档案，2016，11（9）：56-57．

[226] 史晓红．高校档案管理与服务模式的创新及优化［J］．青海教育，2016，11（9）：52-53．

[227] 黄克利．过去的未来：知识服务与高校档案管理［J］．兰台世界，2016，12（18）：16-18．

[228] 王文杰．高校档案管理中汇总绩效管理理论的应用［J］．管理观察，2016，14（24）：103-105．

[229] 黄艳君．信息化进程中对高校档案工作的几点思考［J］．科技风，2016，10（15）：153．

[230] 王玮．高校档案管理质量保障体系建设探究［J］．科技资讯，2016，14（10）：72-73．

[231] 程熙．知识管理视角下高校档案管理创新研究［J］．山西科技，2016，31（4）：113-115+119．

[232] 徐小莉．基于知识管理的高校档案管理研究［J］．赤峰学院学报（自然科学版），2016，32（13）：185-186．

[233] 吴琦．高校档案管理中保密工作的意义及措施探讨［J］．知识经济，2016，（14）：137．

[234] 刘思洋．"知本主义"视野下高校档案管理体系构建［J］．城建档案，2016，（6）：59-60．

［235］叶青青．关于高校档案利用工作的研究［D］．福州：福建师范大学，2016．

［236］马雁．试论档案记忆视角下的高校档案工作的转变与拓展［J］．山西档案，2016，17（3）：106-107．

［237］杜娟．高校档案工作规范化、标准化管理方案研究［J］．城建档案，2016，7（5）：79-80．

［238］乌日娜．浅谈高校档案管理创新及档案管理数字化问题［J］．福建质量管理，2016，4（5）：26．

［239］陆文亭．谈高校档案管理信息化建设［J］．读与写（教育教学刊），2016，13（4）：62．

［240］许玮．高校档案管理信息化建设的思考［J］．办公室业务，2016，17（7）：29+61．

［241］陈红．试论高校档案管理工作对于思想政治教育工作的意义［J］．中共山西省直机关党校学报，2016，5（2）：49-50．

［242］周兵．高校档案管理的创新研究［J］．知音励志，2016，5（5）：252．

［243］向春华．高校档案工作之"瓶颈"问题探索［J］．办公室业务，2016，7（5）：52-53．

［244］王晴．高校档案管理的信息化建设与创新［J］．产业与科技论坛，2016，15（3）：224-225．

［245］罗翠莲．关于完善高校档案工作制度问题的建议［J］．城建档案，2016，5（1）：86-87．

［246］袁小玲．我国高校档案工作研究的文献计量分析［J］．办公室业务，2016，4（2）：122-124．

［247］李继军．高校档案管理模式在大众化背景下的创新探讨［J］．唐山文学，2016，18（1）：146+137．

［248］王雅新．信息网络化与高校档案管理创新研究［J］．城建档案，2015，13（12）：15-16．

［249］邱立．试论高校档案工作与数字校园建设［J］．鸭绿江（下半月版），2015，13（12）：245．

［250］黄元旦．关于构建高校档案工作新模式的探讨［J］．才智，2015，11（34）：56．

［251］金丹，孙靖靖．基于信息检索技术发展趋势的高校档案管理特点研究［J］．辽宁医学院学报（社会科学版），2015，13（4）：79-81．

［252］吴玮．高校档案工作人才队伍建设问题探讨［J］．智富时代，2015，10（1）：149．

［253］谢怡．基于大数据的高校档案管理模式变革［J］．山东理工大学学报（社会科学版），2015，31（6）：103-107．

［254］曹妍．高校档案管理建设优化策略探析［J］．兰州教育学院学报，2015，31（10）：64-65．

［255］常晓忠．高校档案管理模式创新的路径探析［J］．企业导报，2015，2（23）：22-23．

［256］陈明九．大数据时代高校档案管理系统建设研究——以山东建筑大学为例［J］．山东建筑大学学报，2015，30（5）：506-510．

［257］陈乃鸿．高校档案管理应用6S管理模式研究［J］．无线互联科技，2015，27（19）：121-122．

［258］刘薇．高校档案管理的关键点分析［J］．商业故事，2015，13（27）：40+42．

［259］李先兵，杨伟．高校档案管理工作可持续发展分析［J］．现代营销（下旬刊），2015，5（8）：30．

［260］邬萍．提高高校档案管理科学化水平的路径［J］．赤子（上中旬），2015，13（18）：145．

［261］许迪萍．高校档案工作的精益化管理研究［J］．时代教育，2015，2（17）：235+237．

［262］尚静．浅议高校档案管理工作的服务创新［J］．办公室业务，2015，20（17）：84．

［263］席杰．现代高校档案管理的价值体系探讨［J］．中国管理信息化，2015，18（17）：173-174．

［264］马仁杰，费燕，高元昕．港澳台地区高校档案工作发展现状及发展趋势［J］．兰台世界，2015，5（23）：48-50．

［265］陈艳．试论基于网络环境下的高校档案工作［J］．黑龙江史志，2015，4（13）：92．

［266］田甜，杨颖．高校档案管理文化新功能的创建及意义［J］．黑龙江史志，2015，4（13）：113．

［267］刘勇．探究高校档案管理质量保障体系［J］．中国管理信息化，2015，18（11）：255-256．

［268］张文雅．高校档案管理中存在的问题与对策［J］．赤峰学院学报（自然科学版），2015，31（10）：211-212．

[269] 邹洁. 数字化时代高校档案工作新模式的构建探索 [J]. 现代经济信息，2015，5（10）：102.

[270] 曾宪力. 数字化建设在高校档案管理中的应用 [J]. 黑龙江史志，2015，5（9）：173.

[271] 张志强. 高校档案管理中常见问题及对策 [J]. 管理观察，2015，4（12）：115-116.

[272] 杨政婷. 高校档案管理的现状分析及未来发展趋势探讨 [J]. 科技展望，2015，25（9）：210.

[273] 连红宇. 多元化发展要求下高校档案工作角色定位 [J]. 内蒙古电大学刊，2015，10（2）：88-90.

[274] 白敏. 对高校档案管理创新方法的探究 [J]. 价值工程，2015，34（7）：125-126.

[275] 刘静. 论高校档案管理工作可持续发展 [J]. 合作经济与科技，2015，（5）：104-105.

[276] 雷天琴. 高校档案管理创新思维探析 [J]. 价值工程，2015，34（6）：175-176.

[277] 于淼. 浅谈高校档案管理网络多元服务形式的构建 [J]. 辽宁师专学报（社会科学版），2015，11（1）：135-136.

[278] 米军. 高校档案管理工作的创新和信息化 [J]. 中国管理信息化，2015，18（2）：177-178.

[279] 吴珍. 关于高校档案管理信息化建设的思考 [J]. 黑龙江史志，2015，10（1）：275.

[280] 宁燕子. 大数据对高校档案工作的影响分析及对策研究 [J]. 科技视界，2015，12（1）：39-40.

[281] 唐昭春，潘丽娜. 浅谈加强高校档案管理中保密工作的重要性 [J]. 办公室业务，2015，10（1）：51-52.

[282] 田玉. 高校档案管理的创新思维 [J]. 赤子（上中旬），2015，2（1）：161.

[283] 付长缨. 新时期如何搞好高校档案管理工作 [J]. 黑龙江史志，2014，20（22）：98.

[284] 杨孝春. 信息化条件下的高校档案管理问题研究 [J]. 江苏科技信息，2014，22（21）：16-18.

[285] 冯芸. 对构建高校档案工作新模式的研究 [J]. 城建档案，2014，12（11）：72-73.

［286］戴翠萍，高鹏．利用4G技术推动高校档案管理应用体系初探［J］．兰台世界，2014，17（32）：22-23.

［287］王韶频．从高校档案管理法规视角谈高职院校档案工作现状及发展对策——以苏州高校档案工作协作组高职院校档案工作为例［J］．黑龙江史志，2014，12（19）：223-224.

［288］谢晖．新时期加强高校档案管理工作刍议［J］．黑龙江史志，2014，20（17）：217.

［289］易朝晖．浅谈信息时代高校档案管理服务模式创新［J］．当代经济，2014，23（15）：102-103.

［290］刘一颖．高校档案工作"走出去"之路径思考［J］．科技视界，2014，23（22）：183+210.

［291］李娟．高校档案工作信息化建设面临的挑战及完善措施［J］．办公室业务，2014，23（15）：163.

［292］贺缠虎．知识管理——现代高校档案工作的新思路［J］．兰台世界，2014，22（20）：41-42.

［293］张立瑞．高校档案工作规范化管理［J］．中外企业家，2014，10（18）：191.

［294］史兰亭．论高校档案管理工作的发展［J］．职业，2014，11（17）：187-188.

［295］张挺．高校档案工作在大学生思想政治教育中的应用［J］．前沿，2014，12（6）：142-143.

［296］王剑．基于精益化管理思想的高校档案管理探微［J］．知识经济，2014，15（12）：73-74.

［297］曲耀春．基于高校档案工作服务人才培养的几点思考［J］．办公室业务，2014，20（9）：238+240.

［298］张彬．浅析高校档案管理工作的改革与创新［J］．文史博览（理论），2014，20（3）：62-63+66.

［299］王微．高校档案管理中的资料搜集瓶颈突破对策［J］．兰台世界，2014，12（8）：95-96.

［300］斯庆．改进高校档案管理的几点认识［J］．内蒙古科技与经济，2014，12（4）：131+133.

［301］李瑞．构建高校档案工作新模式之我见［J］．陕西档案，2014，2（1）：38-39.

［302］王媛．浅析高校档案工作网络体系的构建［J］．兰台世界，2014，2（5）：32-33．

［303］房洁．高校档案管理中如何充分发挥档案的教育功能［J］．赤峰学院学报（自然科学版），2014，30（3）：162-163．

［304］贺彩珍．基于办公自动化的高校档案管理探析［J］．青海教育，2014，12（1）：93-94．

［305］方凌志，付媛媛，潘红．新时期高校档案工作现状及发展对策［J］．办公室业务，2014，6（3）：233-235．

［306］李飞虹．浅谈高校档案工作的可持续发展［J］．才智，2014，6（4）：171．

［307］白秀琴．新时期高校档案管理创新体系建设研究［J］．中小企业管理与科技（中旬刊），2014，12（1）：58-59．

［308］金秀凤．高校档案管理存在的问题及对策［J］．市场周刊（理论研究），2014，7（1）：26-27+65．

［309］何秀清．基于信息资源共享的高校档案管理模式探讨［J］．皖西学院学报，2013，29（6）：147-152．

［310］苏全玉．高校档案管理的规范化［J］．潍坊学院学报，2013，13（6）：113-115．

［311］张秀芹．高校档案工作的定位与开拓创新［J］．南阳师范学院学报，2013，12（11）：74-76．

［312］刘虹娟．新时期高校档案工作网络体系的建立与发展［J］．科教导刊（中旬刊），2013，3（20）：248+250．

［313］卞波．试论高校档案管理的科学性［J］．兰台世界，2013，2（29）：52-53．

［314］周佳明．基于本体的高校档案知识建模研究［D］．南京：南京理工大学，2013．

［315］王海鹰．浅谈高校档案工作的重要性及其发展方向［J］．青春岁月，2013，20（18）：444．

［316］林世凤．信息化背景下的高校档案管理建设［J］．改革与开放，2013，14（15）：90-91．

［317］杨春涛．围绕服务立德树人根本任务做好高校档案工作［J］．办公室业务，2013，14（15）：216．

［318］郑勇，李江瑞．基于信息化技术下的高校档案管理创新［J］．内蒙古科技与经济，2013，30（13）：55-56．

［319］余慧玲．档案记忆观视角下的高校档案管理与校庆关系探析［J］．广东技术师范学院学报，2013，34（7）：75-77．

［320］尹宝君．探究高校档案管理工作规范化的新途径［J］．科技资讯，2013，17（19）：223．

［321］关玲．浅析信息化时代高校档案管理的创新思路［J］．贺州学院学报，2013，29（2）：99-101．

［322］王淑萍．高校档案管理工作探析［J］．湖北经济学院学报（人文社会科学版），2013，10（6）：132-133．

［323］张欢．浅议高校档案管理的价值体系和跟踪［J］．神州，2013，22（17）：281．

［324］谢丽娟，席杰．浅析高校档案管理工作中存在的问题及相对策略［J］．青春岁月，2013，23（10）：235．

［325］韩赟，韩红磊．试论高校档案工作与文明单位创建工作的关系［J］．城建档案，2013，20（4）：61-62．

［326］张妙宜．"重视"二字在高校档案工作中的作用［J］．济南职业学院学报，2013，41（2）：122-124．

［327］王玉玲．高校档案机构职能延伸的困境与出路［J］．档案学通讯，2013，32（2）：81-84．

［328］刘亚琴．关于构建高校档案工作新模式的探讨［J］．办公室业务，2013，（5）：79．

［329］陈均，梁爽．新媒体环境下高校档案工作的挑战与应对——以学生档案为主［J］．科教导刊（上旬刊），2013，35（3）：234-235．

［330］肖永菊．谈如何推动高校档案工作为各项工作服务［J］．科技资讯，2012，20（36）：248．

［331］姜丽．浅论高校档案管理工作存在的问题及对策［J］．办公室业务，2012，21（23）：122．

［332］杨凯．论高校档案管理的服务创新［J］．东方企业文化，2012，12（21）：272．

［333］付瑛．谈谈高校档案管理中的接待艺术［J］．中国科教创新导刊，2012，10（31）：221．

［334］崔爱荣．高校档案管理创新浅谈［J］．科技视界，2012，40（30）：333．

［335］卞咸杰．探析英国高校档案管理的特点：以谢菲尔德大学为例［J］．档案管理，2012，8（6）：78-80．

［336］贺志军，王明东，向禹．文化生产力发展视角下高校档案工作理念创新［J］．现代大学教育，2012，8（5）：83-87+99．

［337］刘淑梅，童翀．浅议提高高校档案利用水平使档案工作更加适应时代的要求［J］．生物技术世界，2012，10（9）：58．

［338］严小蕾．高校档案工作规范化管理刍议［J］．四川档案，2012，6（4）：45-46．

［339］张根水，徐建军，朱培芳．浅析微博在高校档案工作中的应用［J］．兰台世界，2012，25（23）：7-8．

［340］王煜，冯颖．创新高校档案工作提升学校办学水平［J］．河北联合大学学报（医学版），2012，14（4）：605-606．

［341］陈小磊．历史的刻录机现实的播放器——浅析高校档案管理的重要性［J］．黑龙江科技信息，2012，35（20）：140．

［342］邱瑞玲，刘科荣．高校档案工作与大学生就业竞争力研究［J］．兰台世界，2012，24（20）：10-11．

［343］朱丽．论当代高校档案管理多元化的发展趋势［J］．兰台世界，2012，10（17）：46-47．

［344］尚东玲．广东民办高校档案工作的现状分析与发展对策研究［J］．学理论，2012，32（16）：183-184．

［345］李丽华．完善高校档案管理加大社会化服务［J］．科技与企业，2012，6（10）：61．

［346］马世仙．高校档案管理的意义和现代化建设［J］．知识经济，2012，5（9）：68．

［347］王淼．探索高校档案工作的新思路［J］．黑龙江科技信息，2012，5（13）：126．

［348］王宝娃．对做好高校档案管理工作的思考［J］．科技信息，2012，5（5）：317．

［349］孙晓青．新时期高校档案管理问题探索［J］．吉林省教育学院学报（上旬），2012，28（2）：137-138．

［350］平闽，杨海波．高校师生对于高校档案工作的认知调查研究［J］．档案管理，2012，14（2）：70-72．

［351］金奉烈．高校档案管理质量的定性评价尺度与控制［J］．兰台世界，2012，7（2）：47-48．

［352］卢华丽．高校档案管理存在的问题及对策［J］．黄冈职业技术学院学报，2011，13（6）：70-71+89．

［353］方昱楚，黄柳宁．加强高校档案管理刍议［J］．中小企业管理与科技（下旬刊），2011，23（11）：53-54.

［354］马艳．浅谈高校档案工作的创新［J］．漯河职业技术学院学报，2011，10（6）：169-170.

［355］陈海静．浅议高校档案工作的拓展路径［J］．常熟理工学院学报，2011，25（11）：117-120.

［356］周璐，王媛，张晓娴，吴娜．管理控制理论视角下的高校档案管理工作——以昆明医科大学为例［J］．城建档案，2020，21（1）：62-65.

［357］刘书琴．高校档案管理工作现状分析及对策研究［J］．黑龙江科技信息，2011，10（29）：141.

［358］贾秀琴．小议高校档案管理的信息化建设［J］．改革与开放，2011，11（18）：103.

［359］王玉玲．创新服务手段是高校档案管理的主题［J］．办公室业务，2011，11（9）：26+25.

［360］廖若莹．关于高校档案管理工作几个问题的思考［J］．厦门特区党校学报，2011，4（4）：65-67.

［361］尹华松．高校档案工作的探索与思考［J］．西南科技大学学报（哲学社会科学版），2011，28（4）：96-98.

［362］耿连山．坚持开拓创新推进高校档案工作［J］．潍坊学院学报，2011，11（4）：155-157.

［363］金芳．高校档案工作的创新与发展［J］．城建档案，2011，9（8）：68-69.

［364］张晓燕．试论校园网络环境下高校档案管理新模式［J］．新乡学院学报（社会科学版），2011，25（4）：144-145.

［365］柏珂．论高校档案工作在大学生思想政治教育中的作用发挥［J］．改革与开放，2011，5（14）：167-168.

［366］王霞．档案检查对高校档案工作的促进作用研究［J］．科教文汇（上旬刊），2011，6（7）：189-190.

［367］芦凤．高校档案管理工作探析［J］．辽宁师专学报（社会科学版），2011，18（3）：128-129.

［368］周庆，杨婵．"三个体系"建设在高校档案工作中的思路［J］．兰台世界，2011，23（12）：33-34.

［369］周芬玲．高校档案工作创新与跨越式发展之思考［J］．青海师范大学学报（哲学社会科学版），2011，33（3）：154-156.

[370] 熊欢欢. 高校信息公开与高校档案提供利用的差异化与整和性研究 [J]. 档案管理, 2011, 7 (3): 21-24.

[371] 杨春梅. 高校档案管理新思路 [J]. 才智, 2011, 2 (10): 338.

[372] 刘燕. 高校档案管理中存在的问题及对策 [J]. 长春大学学报, 2011, 21 (2): 121-123.

[373] 罗黔军. 浅谈高校档案管理标准化 [J]. 内蒙古科技与经济, 2011, 2 (4): 152-153.

[374] 杨菊洪. 基于知识管理的高校档案管理研究 [J]. 科技情报开发与经济, 2011, 21 (1): 145-147.

[375] 陈严. 新合并高校档案管理工作的优化建设 [J]. 山西大同大学学报 (社会科学版), 2010, 24 (5): 101-102.

[376] 谭玉兰, 许贻斌, 李依娜, 季丹. 高校档案工作建设与思考 [J]. 青年文学家, 2010, 11 (19): 245+247.

[377] 李长江. 高校档案管理的现代化建设研究 [J]. 长治学院学报, 2010, 27 (4): 84-87.

[378] 熊薇. 信息时代高校档案管理人才培养问题 [J]. 江西金融职工大学学报, 2010, 23 (4): 155-157.

[379] 汪小琴. 高校档案工作的风向标和催化剂——对教育部、国家档案局第27号令的解读 [J]. 安徽农业大学学报 (社会科学版), 2010, 19 (4): 57-60.

[380] 纪艳敏. 浅谈加强高校档案管理的方法 [J]. 甘肃科技纵横, 2010, 39 (3): 102-103.

[381] 徐艳玲. 高校档案评估给高校档案管理带来的新思考 [J]. 教育教学论坛, 2010, 14 (17): 172-174.

[382] 戴秀文. 与时俱进, 做好高校档案管理工作 [J]. 边疆经济与文化, 2010, 8 (6): 181-182.

[383] 何树娟. 加强高校档案管理工作的探析 [J]. 改革与开放, 2010, 12 (10): 178.

[384] 王晶. 论高校档案工作与教学评估的关系 [J]. 沧桑, 2010, 1 (4): 180.

[385] 刘归华. 对新时期提高高校档案管理工作水平的思考 [J]. 成功 (教育), 2010, 2 (4): 208.

[386] 黄妮娜. 信息化技术在高校档案管理的应用研究 [J]. 长江大学学报 (社会科学版), 2010, 33 (2): 251-252.

[387] 王雪芹. 信息化时代高校档案管理存在的危机及对策分析 [J]. 宿州学院学报, 2010, 25 (4): 45-47.

[388] 陈健民. 当代高校档案管理研究刍议 [J]. 太原城市职业技术学院学报, 2010, 22 (3): 104-105.

[389] 夏文. 新时期高校档案管理模式的电子信息化 [J]. 湖北师范学院学报 (哲学社会科学版), 2010, 30 (2): 151-152.

[390] 陆宪良, 冯玮. 新一代高校档案管理系统开发实践与思考 [J]. 兰台世界, 2010, 12 (6): 19-20.

[391] 许兴华. 关于高校档案工作以人为本的思考 [J]. 安徽科技学院学报, 2010, 24 (1): 118-120.

[392] 娜仁图雅. 网络环境下高校档案管理建设初探 [J]. 中国科教创新导刊, 2009, 20 (35): 233.

[393] 孙彬彬. 对当前高校档案管理工作的几点看法 [J]. 科技信息, 2009, 21 (34): 352.

[394] 刘萍, 杨俊. 由27号令引发的对高校档案管理的新思考 [J]. 兰台世界, 2009, 11 (18): 35-36.

[395] 王桂岩. 试论高校档案工作的创新 [J]. 赤峰学院学报 (自然科学版), 2009, 25 (8): 206-207.

[396] 于守彩. 基于IRM的高校档案管理模式的研究 [J]. 重庆文理学院学报 (自然科学版), 2009, 28 (4): 105-107.

[397] 张涛. 高校档案管理新办法实施后的理性思考 [J]. 河南社会科学, 2009, 17 (4): 212-213.

[398] 贾佳. 论高校档案工作的改革与创新 [J]. 科技经济市场, 2009, 20 (6): 143-144.

[399] 胡荣. 浅述用科学发展观促进高校档案工作的创新建设 [J]. 科技创新导报, 2009, (17): 197.

[400] 明东. 以服务师生为契机推进高校档案工作 [J]. 黑龙江史志, 2009, 20 (11): 75.

[401] 赵翀. 试论高校档案工作创新机制的建立 [J]. 教育理论与实践, 2009, 29 (15): 9-10.

[402] 张涛. 论高校档案管理中涉及到的法律权利 [J]. 云南档案, 2009, 4 (5): 47-49.

[403] 乔茂有. 关于构建高校档案工作新模式的探讨 [J]. 档案学研究, 2009, 2 (2): 31-33.

[404] 杨文. 论高校档案工作中的保密 [J]. 衡阳师范学院学报，2009，30（2）：156-157.

[405] 李思广. 高校档案管理工作的现状及强化策略 [J]. 广东教育（教研版），2009，（3）：11+72.

[406] 杨洋. 高校档案管理的现代化的动力机制研究 [J]. 大众商务，2009，7（6）：144.

[407] 秦建华. 网络环境下高校档案管理问题探讨 [J]. 吉林省教育学院学报（学科版），2009，25（3）：45-46+48.

[408] 陈敏，陈颖. 高校档案管理的现代化探讨 [J]. 中国科教创新导刊，2009，7（7）：214.

[409] 冯晓江. 试论高校档案工作标准化的发展 [J]. 太原科技，2009，7（3）：70-71.

[410] 罗鸿光. 当前高校档案工作存在的问题及对策 [J]. 大理学院学报，2009，8（3）：61-64.

[411] 陈敏，陈颖. 增强档案意识，促进高校档案工作又好又快发展 [J]. 中国科教创新导刊，2009，20（5）：215.

[412] 麻玉林. 高校教学评估对高校档案管理发展的影响 [J]. 科技信息，2009，14（3）：556+598.

[413] 肖丽. 论高校档案工作应具有的四点现代意识 [J]. 赤峰学院学报（汉文哲学社会科学版），2008，29（12）：155-156.

[414] 李小芳. 新媒体环境下高校档案管理工作研究 [J]. 城建档案，2020，23（1）：66-68.

[415] 林建洪. 浅谈如何在教学评估中抓好高校档案工作 [J]. 云南档案，200819，（11）：50-51.

[416] 刘文彧. 浅谈高校档案工作之于构建和谐校园 [J]. 吉林省教育学院学报，2008，15（11）：32-33.

[417] 袁晓明. 关于高校档案工作为教学科研创新服务的构想 [J]. 辽宁行政学院学报，2008，13（9）：253-254.

[418] 陈碧珍. 校园网环境下的高校档案管理模式 [J]. 中国校外教育（理论），2008，10（1）：1539.

[419] 杨春惠. 试论高校档案工作在构建和谐校园文化中的作用 [J]. 泉州师范学院学报，2008，12（4）：130-132.

[420] 王海鹰. 浅谈如何做一名称职的高校档案工作者 [J]. 思想战线，2008，34（2）：129-130.

［421］王建．高校档案工作"目标管理"辨析［J］．商情（教育经济研究），2008，23（6）：58．

［422］白华．人本管理理念在高校档案管理人才培养工作中的渗透思路探索［J］．公关世界，2020，14（2）：83-84．

［423］刘琼．信息化社会高校档案管理的优化与创新［J］．山东省农业管理干部学院学报，2008，23（3）：186-187．

［424］鲍宏生，刘晓磊．浅谈高校档案工作人员的继续教育［J］．企业家天地下半月刊（理论版），2008，2（4）：221．

［425］张贵芬．整合类高校档案工作的管理浅谈［J］．文教资料，2008，7（6）：211-212．

［426］姚建萍．论高校档案管理现代化的一些问题［J］．四川档案，2007，4（6）：28-29．

［427］王亚敏．信息化对高校档案工作的挑战及对策［J］．浙江万里学院学报，2007，13（6）：147-148+87．

［428］王亚敏．高校档案管理的数字化建设［J］．高等建筑教育，2007，32（4）：158-161．

［429］陶丽琼．"立件"方法在高校档案管理中的个案探讨［J］．桂林师范高等专科学校学报，2007，33（3）：153-156．

［430］袁玉娟．关于加强高校档案管理的若干思考［J］．商情（科学教育家），2007，（9）：97-98．

［431］胡福娥．强化保密意识提升高校档案工作水平［J］．山西农业大学学报，2007，9（2）：187-189．

［432］邓大平．高校档案工作创新探析［J］．四川警官高等专科学校学报，2007，14（4）：102-105．

［433］严晓红．浅析高校档案管理工作现状及对策［J］．中国科技信息，2007，20（14）：138+140．

［434］赵菁菁．知识经济时代高校档案管理模式初探［J］．长沙大学学报，2007，24（4）：26-27．

［435］鲍宏生．加强高校档案管理为高校教育事业发展服务［J］．内蒙古电大学刊，2007，6（7）：62-63．

［436］王艳玲．浅谈高校档案管理信息化建设［J］．现代情报，2007，13（6）：63-64+67．

［437］姜弘．新时期如何做好高校档案管理工作［J］．中国冶金教育，2007，20（3）：72-73+78．

［438］吕光．关于高校档案工作实行规范化建设的思考［J］．桂林航天工业高等专科学校学报，2007，21（2）：124-126．

［439］周蕾．新形势下高校档案管理工作的思考［J］．科技情报开发与经济，2007，17（17）：249-250．

［440］赵丹．基于信息资源共享的高校档案管理模式重构［D］．长春：吉林大学，2007．

［441］应会琼．我国高等教育迅速发展中的高校档案工作研究［D］．成都：四川大学，2007．

［442］王芳．论高校档案工作"目录管理"［J］．山西财经大学学报（高等教育版），2007，20（1）：189．

［443］陈小芝．浅谈高校档案管理水平的提升［J］．文教资料，2007，41（12）：41-42．

［444］冯海清．浅谈高校档案工作的创新［J］．经济师，2007，42（3）：131-132．

［445］王雅慧．高校档案工作存在的问题及解决方法［J］．阜阳师范学院学报（社会科学版），2007，25（1）：129-130．

［446］张红旗．浅谈新形势下高校档案工作的三个转变［J］．山西农业大学学报，2006，22（1）：53-54．

［447］刘丽佳．高校档案管理信息化进程刍议［J］．兰台世界，2006，15（24）：17-18．

［448］程音娟．对当前高校档案管理工作的再思考［J］．成都理工大学学报（社会科学版），2006，6（3）：103-105．

［449］左玉亭．论新时期高校档案管理的"四化"建设［J］．兰台世界，2006，17（16）：40-41．

［450］周芬玲．浅议高校档案管理与信息化建设［J］．青海师范大学学报（哲学社会科学版），2006，5（4）：147-148．

［451］陈惟．绩效管理：在高校档案工作中的运用——兼论上海交大档案信息服务与管理系统的实施［J］．兰台世界，2006，18（11）：25-27．

［452］刘汉英．浅谈高校档案管理工作中存在的问题及对策［J］．黑河学刊，2006，7（3）：102-103．

［453］黄晓沙．谈高校档案工作的服务创新［J］．怀化学院学报（社会科学），2006，4（4）：188-189．

［454］温俊双．浅议档案与高校档案管理工作［J］．太原教育学院学报，2006，3（1）：93-96．

[455] 侯海玉．高校档案管理的理性化审视 [J]．东北农业大学学报（社会科学版），2006，3（1）：44-46.

[456] 白玫．对高校档案工作可持续发展战略的认识 [J]．内蒙古科技与经济，2006，4（2）：142-143.

[457] 王化，刘新良，吴贺珍．试论网络环境下如何做好高校档案工作 [J]．桂林航天工业高等专科学校学报，2005，15（4）：71-73.

[458] 向泽红．从高职高专院校办学水平评估看高校档案工作 [J]．广东交通职业技术学院学报，2005，14（4）：117-119.

[459] 刘碧华．高校档案管理的现代化建设 [J]．邵阳学院学报，2005，20（6）：171-172.

[460] 方亚君．坚持科学发展观，促进高校档案工作的可持续发展 [J]．内蒙古电大学刊，2005，7（8）：109-110.

[461] 李洪喜．高校档案管理对精神文明建设的贡献 [J]．煤炭技术，2005，17（7）：7-8.

[462] 吴宇莎．基于浏览器/服务器结构的高校档案管理系统 [J]．湖南第一师范学报，2005，17（2）：119-121.

[463] 孟瑛．强化高校档案管理意识的重要性 [J]．湖南行政学院学报，2005，5（3）：93-94.

[464] 徐旭东．高校档案工作改革：挑战与回应 [J]．黑龙江高教研究，2005，4（4）：70-71.

[465] 姜艳．如何加强高校档案管理工作 [J]．农业与技术，2005，6（2）：178-179.

[466] 陈翠芳．刍议高校档案工作改革创新 [J]．淮阴工学院学报，2004，24（6）：85-86.

[467] 于振贤．管窥高校档案工作的问题及对策 [J]．吉林特产高等专科学校学报，2004，3（4）：24-26.

[468] 孙杰．高校档案工作初探 [J]．中国环境管理干部学院学报，2004，14（3）：122-123.

[469] 张红梅．信息服务在高校档案工作中的意义 [J]．昭乌达蒙族师专学报（汉文哲学社会科学版），2004，1（4）：127-128.

[470] 宗惠芳．浅谈知识经济时代高校档案工作的创新 [J]．苏州市职业大学学报，2004，3（3）：95-96.

[471] 徐欣．高校档案管理创新的探索与实践 [J]．江南大学学报（人文社会科学版），2004，5（3）：104-106.

［472］刘晓兰．在高校档案管理中建立毕业生电子档案之浅见［J］．现代情报，2004，7（4）：154-155+12.

［473］张佑祥，夏季．教育电子政务建设与高校档案管理创新［J］．教育信息化，2004，5（4）：23-24.

［474］吴慧红，谌昱．高校档案工作现状及对策研究［J］．绥化师专学报，2004，5（1）：170-171.

［475］卢余群．谈高校档案工作的优化管理［J］．嘉兴学院学报，2004，4（2）：126-128.

［476］甘荔．升格类高校档案管理工作中存在的问题与对策［J］．怀化学院学报（社会科学），2003，6（6）：143-144.

［477］张毅．高校档案管理新探［J］．重庆工商大学学报（社会科学版），2003，4（6）：156-157.

［478］钱芳青．对当前高校档案工作人员队伍建设的思考［J］．中山大学学报论丛，2003，56（5）：84-86.

［479］李天凤．关于搞好高校档案工作的思考［J］．黔南民族师范学院学报，2003，1（4）：74-76.

［480］程绍利．开拓创新是高校档案工作发展的必由之路［J］．辽宁教育行政学院学报，2003，1（7）：42.

［481］董娟．加强和改进高校档案工作的思考［J］．泰安教育学院学报岱宗学刊，2002，14（4）：95-96.

［482］刘光．谈高校档案工作的微机化管理［J］．松辽学刊（人文社会科学版），2002，11（6）：91-92.

［483］陈敬暖．高校档案工作如何赢得重视和支持［J］．衡水师专学报，2002，4（4）：77-78.

［484］周璐，王媛．浅析如何做好高校档案查借阅工作［J］．办公室业务，2020，41（2）：76-77.

［485］"湖南省高校档案工作现状分析及其发展对策研究"项目组．湖南省高校档案工作现状分析及其发展对策研究［J］．湖南城建高等专科学校学报，2002，4（2）：66-69.

［486］曹青．高校档案工作面临的问题及对策［J］．四川档案，2002，4（3）：34-35.

［487］窦怡丹．新形势下高校档案工作初探［J］．开封教育学院学报，2001，1（4）：78-79.

［488］张焕兰．新世纪高校档案管理观念转变刍议［J］．山西高等学校社

会科学学报，2001，12（7）：100-102.

［489］王晓光．谈谈当代高校档案工作的新特点及新思路［J］．开封教育学院学报，2001，27（2）：68-69.

［490］王亚佩．浅谈高校档案工作的规范化管理［J］．浙江万里学院学报，2001，22（2）：99-101.

［491］丁远．浅谈高校档案工作的创新和务实［J］．南京金融高等专科学校学报，2001，1（2）：79-80.

［492］王德欣．对新世纪高校档案工作的思考［J］．临沂师范学院学报，2001，2（2）：115-117.

［493］周红梅，赵严防．实行高校档案工作目标化管理的必要性［J］．泰安师专学报，2001，8（2）：111-112.

［494］徐国红．加强高校档案工作，为学校发展助一臂之力［J］．遵义师范高等专科学校学报，2000，17（4）：70-71.

［495］李世静．浅议西部大开发与改革高校档案工作［J］．贵州工业大学学报（社会科学版），2000，1（2）：10-12.

［496］齐引敬．试论高校档案工作发展的不利因素及对策［J］．石家庄师范专科学校学报，2000，12（1）：94-96.

［497］魏翠玲．高校档案工作发展的新思路［J］．商丘师专学报，2000，17（1）：101.

［498］潘桂玲．论高校档案工作存在的问题及对策［J］．广西右江民族师专学报，1999，24（2）：91-92.

［499］魏翠玲，蒋剑锋．浅谈新形势下高校档案工作的改革与发展［J］．黄淮学刊（哲学社会科学版），1996，20（1）：115-116.

［500］叶志敏．试析高校档案工作者的素质［J］．江苏理工大学学报，1995，20（3）：85-91.

［501］杨金梅．信息化环境下高校档案管理中的问题及改善策略［J］．兰台内外，2021，21（13）：34-36.

［502］李桂虹．信息化背景下高校档案工作转型发展的路径［J］．天津中德应用技术大学学报，2021，37（2）：36-39.

［503］刘亚娜．试论基于媒体融合发展背景下的高校档案管理工作方略［J］．兰台内外，2021，33（11）：1-3.

［504］刘红．大数据时代高校档案服务校园文化建设的创新策略［J］．新纪实，2021，9（9）：90-93.

［505］李亚梅．计算机网络技术在高校档案管理中的应用探究——评《信息安全视域下高校档案管理研究》［J］．现代雷达，2021，43（3）：106．

［506］郭晓文．大数据视域下新媒体环境中地方高校档案管理和公共服务能力建设［J］．赤峰学院学报（自然科学版），2021，37（3）：49-53．

［507］王学娟．基于品牌文化视角提升高校档案服务质量［J］．公关世界，2021，12（6）：40-41．

［508］郑荣．新时期高校档案管理信息化探究［J］．城建档案，2021，20（3）：20-21．

［509］李全．高校档案在高校校园文化建设中的重要作用探析［J］．宁德师范学院学报（哲学社会科学版），2021，37（1）：124-128．

［510］马健，陆为．网络环境下高校档案管理工作创新模式探析［J］．文化产业，2021，25（8）：150-151．

［511］程玉红．我国民办高校档案管理存在的问题及其对策［J］．经济研究导刊，2021，7（8）：150-152．

［512］甄子莹，吴玫，颜祥林．新《档案法》视域下高校档案工作未来发展的整体性思考［J］．档案管理，2021，3（2）：13-14．

［513］张华容．新时期高校档案管理的信息化发展策略分析［J］．兰台内外，2021，7（8）：25-27．

［514］李紫楠．大数据背景下高校档案服务对策研究［J］．内蒙古科技与经济，2021，20（5）：29-30+32．

［515］潘君．新时期我国高校档案机构的发展定位及实现途径［J］．河南图书馆学刊，2021，41（3）：75-76．

［516］上官小兰．共建共享理念下保障高校档案用户需求的对策［J］．兰台世界，2021，10（3）：29-31．

［517］苗洪丽．大数据时代高校档案数据化发展初探［J］．兰台世界，2021，34（3）：54-56．

［518］李薇，孙康燕．分析区块链技术在高校档案管理中的运用［J］．兰台内外，2021，5（7）：22-24．

［519］谢孟胜．高校档案管理中存在的问题及应对策略［J］．城建档案，2021，20（2）：82-83．

［520］李笃．信息化管理在高校档案管理中的运用［J］．陕西档案，2021，13（1）：57-58．

［521］罗翠莲．践行绿色发展理念推动高校档案事业永续发展［J］．黑龙江档案，2021，20（1）：64-65．

［522］黄丽．大数据分析应用于高校档案管理的策略研究［J］．中国产经，2021，25（3）：169-170．

［523］李秀霞．高校档案工作与校史展馆工作的协同发展机制研究［J］．兰台世界，2021，26（2）：76-78．

［524］张强，程玉莲，吉祥．"三全育人"视域下高校档案管理育人路径探析［J］．浙江档案，2021，8（1）：62-63．

［525］谢王艳．信息化背景下高校档案服务平台的构建［J］．城建档案，2021，8（1）：42-43．

［526］卢运利．大数据时代的高校档案管理创新分析［J］．中国新通信，2021，23（1）：141-142．

［527］董泽信．文献计量视角下高校档案信息管理系统研究现状［J］．兰台内外，2021，11（1）：40-42．

［528］王学娟．数字化时代高校档案管理信息化建设分析［J］．信息记录材料，2021，22（1）：44-45．

［529］陈青娇．大数据时代高校档案的信息化建设探析［J］．数字通信世界，2021，20（1）：222-223．

［530］彭娟．浅谈"以档育人"视角下高校档案教育功能及资源开发［J］．办公室业务，2020，17（24）：154-155．

［531］王莹．高校档案管理信息化建设途径探索［J］．城建档案，2020，50（12）：23-24．

［532］霍成龙．新时代高校档案管理的困境及改革策略研究［J］．吕梁教育学院学报，2020，37（4）：69-70．

［533］江静．新媒体对高校档案管理工作的影响［J］．黑龙江档案，2020，44（6）：64．

［534］郑建斌．高校档案系统化管理的内在逻辑与实现路径［J］．兰台世界，2020，42（12）：101-104．

［535］章芳芳．着力推动高校档案信息化建设进程——以江苏食品药品职业技术学院60周年校庆为契机进行的思考［J］．湖北开放职业学院学报，2020，33（22）：46-48．

［536］李亚林．信息技术发展对高校档案管理带来的改变［J］．城建档案，2020，34（11）：29-30．

［537］田甜．计算机网络技术在高校档案管理中的应用探究［J］．大众文艺，2020，32（22）：223-224．

［538］刘雨濛．大数据视域下高校档案管理的优化［J］．科技资讯，2020，18（33）：26-28．

［539］邵山．大数据时代下的高校档案管理创新分析［J］．中国新通信，2020，22（22）：48-49．

［540］龙芳霞．"互联网+"时代高校档案管理信息化转型升级路径探析［J］．文化创新比较研究，2020，4（32）：184-186．

［541］刘筱筠，李婕，徐雨生，廖川江．高校档案信息化建设及其策略［J］．普洱学院学报，2020，36（5）：135-137．

［542］蒋丽林．浅谈信息时代高校档案管理人才队伍建设新要求［J］．兰台内外，2020，25（32）：34-36．

［543］任怡杉．论新时代高校档案管理工作的变革［J］．办公室业务，2020，24（20）：150-151．

［544］徐微微．"互联网+高校档案"新业态服务方式创新探讨［J］．城建档案，2020，12（10）：26-27．

［545］张俐．防疫常态化下的高校档案工作研究［J］．城建档案，2020，17（10）：112-114．

［546］冯丽．高校档案社会化开发与利用［J］．陕西档案，2020，15（5）：38-40．

［547］姚丽丽，邢艳娟．浅谈信息化时代背景下的高校档案管理工作［J］．辽宁高职学报，2020，22（10）：102-105．

［548］江涛，段玉柳，张慧．"三全育人"视域下高校档案育人功能研究［J］．黑龙江档案，2020，23（5）：20-21．

［549］理文．新时代高校档案制度建设探析——以安徽大学档案制度建设为例［J］．黑龙江档案，2020，24（5）：22-23．

［550］赵晓红，巩君慧．探讨融媒体视域下的高校档案管理［J］．兰台世界，2020，43（10）：95-98．

［551］杨雯，刘少朋．信息化背景下高校档案工作管理体制变革与服务模式创新——基于"互联网+"概念［J］．机电兵船档案，2020，38（5）：88-91．

［552］李佳．新媒体视角下的高校档案管理工作探讨［J］．信息记录材料，2020，21（10）：38-39．

［553］梁艳．信息化技术对高校档案管理的影响研究［J］．食品研究与开发，2020，41（19）：253．

［554］吴卫．信息化背景下高校档案的服务策略［J］．黑河学院学报，2020，11（9）：180-181．

［555］童俊．高校档案、图书、情报一体化管理探析［J］．行政事业资产与财务，2020，6（18）：123-124．

［556］阎立明．数字化时代档案安全防护——评《信息安全视域下高校档案管理研究》［J］．中国科技论文，2020，15（9）：1115．

［557］王毓芳．试论智慧校园时代高校档案价值的定位与实现［J］．数字与缩微影像，2020，4（3）：31-33．

［558］曾小武．高校档案工作的规章瑕疵［J］．档案天地，2020，7（9）：59-61．

［559］周文洁．区块链技术在高校档案管理工作中的应用［J］．黑龙江科学，2020，11（17）：122-123．

［560］张光明，苗洪丽，郭书君．高校档案数字化建设研究［J］．兰台世界，2020，3（9）：50-52．

［561］廖建兵．浅谈高校档案管理的多元化发展构想［J］．办公室业务，2020，13（17）：128-129．

［562］袁萍萍．高校档案机构育人职能的再延伸［J］．兰台内外，2020，14（28）：82-84．

［563］邓丽欢．打造适应新时代高校档案管理人才研究［J］．城建档案，2020，23（8）：111-112．

［564］代红．高校档案工作隐性育人目标及实践探析［J］．北京档案，2020，14（8）：37-39．

［565］上官小兰，吴淑芬．用户主导下的高校档案管理软件需求分析［J］．宁波教育学院学报，2020，22（4）：91-95．

［566］赵悦．浅析智慧校园背景下高校档案工作发展趋势［J］．内蒙古科技与经济，2020，30（15）：33+36．

［567］李琼洁．区块链技术在高校档案共享中的适用性探究［J］．泉州师范学院学报，2020，38（4）：84-88．

［568］王雪芹，汪文哲．"互联网+"背景下高校档案工作服务模式探究［J］．滁州学院学报，2020，22（4）：128-131．

［569］王青．全媒体环境下高校档案服务社会的特点、问题与对策［J］．兰台内外，2020，13（25）：82-84．

［570］闫丽侠．数字化时代构建高校档案管理的信息化［J］．黑龙江科学，2020，11（15）：110-111．

［571］隋永．人工智能技术在高校档案管理的应用研究［J］．电脑知识与技术，2020，16（22）：171-172+175．

［572］李娟．如何在新形势下实现高校档案管理工作创新［J］．传媒论坛，2020，3（17）：103-104.

［573］韩丽华．信息资源共享下高校档案管理［J］．传媒论坛，2020，3（17）：121.

［574］王晓东．知识经济时代高校档案管理存在的问题与对策［J］．中国外资，2020，4（14）：119-120.

［575］苗洪丽．新媒体环境对高校档案管理的影响及对策［J］．办公室业务，2020，5（14）：148+155.

［576］张悦．论高校档案管理中电子信息技术的应用［J］．电子元器件与信息技术，2020，4（7）：117-118.

［577］管丽．"互联网+"下的高校档案管理研究［J］．内蒙古科技与经济，2020，21（13）：26-27.

［578］余跃．新媒体环境对高校档案管理的影响与应对对策［J］．大众文艺，2020，20（13）：241-242.

［579］李艳霞．高校档案美育价值研究［J］．档案管理，2020，13（4）：92+94.

［580］米荃．大数据背景下高校档案精益化管理［J］．鄂州大学学报，2020，27（4）：73-74+80.

［581］贺蕊．浅谈信息时代高校档案管理服务模式创新［J］．当代教育实践与教学研究，2020，34（13）：23-24.

［582］胡莹．高校档案管理存在的问题与对策研究［J］．兰台内外，2020，25（20）：55-57.

［583］潘虹．大数据时代高校档案管理模式的应用浅析［J］．兰台内外，2020，26（20）：13-15.

［584］周虹．社交媒体参与高校档案管理工作探讨［J］．新西部，2020，4（18）：96+110.

［585］王晓东．论市场经济下高校档案工作的改革和发展［J］．中国外资，2020，2（12）：107-108.

［586］李莹．浅谈高校档案管理基础建设的科学规划与创新路径［J］．才智，2020，4（18）：233.

［587］袁玲．加强高校档案管理人才的素质培养［J］．学习月刊，2020，5（6）：45-46.

［588］银春．大数据视域下高校档案管理探讨［J］．国际公关，2020，5（6）：166+168.

［589］莫文珍．智慧校园语境下高校档案管理探析［J］．黑龙江档案，2020，7（3）：39-40．

［590］伦凤梅，吴卫．高校档案管理信息化路径探究［J］．黑龙江档案，2020，8（3）：53-54．

［591］胡莹．信息时代高校档案管理工作面临的问题探析［J］．吉林广播电视大学学报，2020，6（6）：153-154．

［592］陈青娇．大数据时代高校档案管理工作创新［J］．中国管理信息化，2020，23（12）：178-179．

［593］周华．新媒体环境对高校档案管理的影响与应对策略［J］．传播力研究，2020，4（17）：197-198．

［594］刘晓燕．服务意识下的高校档案管理工作创新探究［J］．科技资讯，2020，18（17）：236+238．

［595］饶继红．高校档案网络管理系统安全及应急方案研究［J］．兰台内外，2020，5（16）：7-9．

［596］安红．高校档案现代管理体系人性化建设［J］．办公室业务，2020，13（11）：130-131．

［597］覃娜．高校档案管理的影响与应对策略研究［J］．才智，2020，14（15）：223．

［598］纪爱芹．高校档案的社会记忆构建研究［J］．办公室业务，2020，10（10）：69+74．

［599］丽丽．新媒体背景下高校档案管理策略研究［J］．赤峰学院学报（自然科学版），2020，36（5）：91-92．

［600］李莹．大数据背景下高校档案管理模式转型思考［J］．人力资源，2020，21（10）：111．

［601］葛玉红，付晓娇．大学生自我认同中的高校档案价值［J］．档案与建设，2020，2（5）：52-55．

［602］李娟．高校档案育人功能及实现路径研究——基于武汉轻工大学的调研［J］．农家参谋，2020，10（15）：135-136．

［603］路航．基于AHP的高校档案公众微信号服务质量评估指标构建［J］．兰台内外，2020，15（14）：79-81．

［604］刘珊．探讨新媒体环境对高校档案管理的影响与应对对策［J］．才智，2020，2（14）：217．

［605］赵悦．信息时代高校档案个性化服务初探［J］．才智，2020，2（14）：222．

［606］庞小铭．高校档案管理的信息化建设［J］．西部素质教育，2020，6（9）：118-119．

［607］史彩慧．大数据背景下高校档案管理与优化分析［J］．办公室业务，2020，1（9）：122-123．

［608］李莹．高校档案管理工作的保密与安全措施探究［J］．现代交际，2020，4（8）：121+120．

［609］罗蓉．新时代背景下高校档案工作的"持"与"新"［J］．科技风，2020，7（13）：208+213．

［610］傅少玲．高校档案利用审查的困境与对策［J］．北京印刷学院学报，2020，28（4）：93-95．

［611］蔡杨．"互联网+"下的高校档案管理研究初探［J］．陕西档案，2020，9（2）：46-47．

［612］张福明，张嵩．探讨新媒体环境对高校档案管理的影响与应对对策［J］．公关世界，2020，5（8）：109-110．

［613］王宁．以五大发展理念指引高校档案工作高质量发展［J］．办公室业务，2020，10（8）：161+163．

［614］赵红艳，康蠡．治理视域下的高校档案工作反思与对策［J］．档案，2020，1（4）：57-60．

［615］王青．全媒体环境下高校档案服务社会创新研究［J］．档案与建设，2020，1（4）：60-62+68．

［616］王剑．大数据时代高校档案管理探析［J］．兰台内外，2020，5（11）：17-18．

［617］李娟．如何在新形势下实现高校档案管理工作创新［J］．山东档案，2020，4（2）：61+67．

［618］郑雯莉．档案评估给高校档案管理带来的新思考［J］．散文百家（新语文活页），2020，12（4）：158-159．

［619］王根健．高校档案管理体制的变革与创新研究［J］．兰台世界，2020，21（4）：83-86．

［620］黄晴芳，楚一泽．高校档案教育新形式的出现与发展——以福建师范大学首届档案职业技能大赛为例［J］．兰台世界，2020，22（4）：38-41．

［621］张岩．物联网技术在高校档案管理中的应用［J］．赤峰学院学报（自然科学版），2020，36（3）：114-115．

［622］张玉帅，高怡．高校档案工作存在问题及解决对策分析［J］．智库时代，2020，2（12）：116-117．

［623］叶景青．新时代背景下高校档案德育功能探析［J］．兰台内外，2020，2（8）：41-42．

［624］闫卫东．新时期高校档案的开发与利用探究［J］．产业与科技论坛，2020，19（6）：266-267．

［625］胡娟．高校档案管理工作的创新策略［J］．智库时代，2020，10（10）：83-84．

［626］苏红燕．筑牢档案工作"四个意识"做好高校档案服务利用工作［J］．兰台世界，2020，8（3）：90-93．

［627］刘月，毛静雯，田凤伟．信息化视角下高校档案管理的现状、问题与对策［J］．办公室业务，2020，5（5）：121+123．

［628］贾喜华．高校档案管理信息化建设论述［J］．兰台内外，2020，4（7）：3-4．

［629］马丽霞．高校档案管理中存在的问题与对策研究［J］．内蒙古财经大学学报，2020，18（2）：139-140．

［630］张建娥．高校档案管理在人才培养工作中实施人本管理理念的思路分析［J］．城建档案，2020，12（2）：71-72．

［631］张立．谈高校档案网络服务社会中的安全管理［J］．网络空间安全，2020，11（2）：24-28．

［632］张玉帅，高怡．信息化背景下高校档案管理创新模式研究［J］．人力资源，2020，5（4）：78．

［633］郑立梅．大数据背景下高校档案管理模式的变革研究［J］．国际公关，2020，9（2）：173+175．

［634］吴筱贞，陈瑾．基于品牌理论的高校档案品牌战略规划研究［J］．兰台内外，2020，1（5）：83-84．

［635］周晓峰．大数据时代高校档案管理创新研究［J］．营销界，2020，10（7）：69-70．

［636］崔洁．探析"以档育人"视角下的高校档案教育功能［J］．中国多媒体与网络教学学报（中旬刊），2020，15（2）：68-69．

［637］周昀．新媒体环境对高校档案管理的影响及对策创新［J］．兰台世界，2020，44（2）：29-31．

［638］谢怡，韩伟．基于微信平台的高校档案微服务创新策略［J］．兰台世界，2020，23（2）：55-58．

［639］徐朝钦．河南省高校档案工作在大学文化传承中的经典案例分析［J］．兰台内外，2020，18（4）：38-39．

［640］崔丽丽．高校档案利用障碍及对策分析［J］．兰台内外，2020，20（4）：69-70．

［641］赵纯，刘丽梅．大数据时代高校档案管理人才队伍建设探索［J］．产业与科技论坛，2020，19（3）：285-286．

［642］张倩．高校档案联盟链治理模式创建研究［J］．浙江档案，2020，2（1）：58-59．

第三章　高校人事档案与管理

高校人事档案与管理文献的编纂成果如下：

［1］陈建群．基于养老保险制度改革的高校人事档案管理思考［J］．质量与市场，2022，6（8）：106-108．

［2］马爱芝，王学光．高校人事档案数字化管理的优势与弊端［J］．办公室业务，2022，4（6）：167-168．

［3］韩冬云．高校人事档案利用服务研究［J］．办公室业务，2022，6（5）：144-146．

［4］赵思．高校干部人事档案整理工作发展对策研究［J］．黑龙江档案，2022，5（1）：117-119．

［5］岳文丽．网络数字化带给高校人事档案管理工作的思考［J］．黑龙江档案，2022，9（1）：129-131．

［6］关晶．高校人事档案信息化建设与管理面临的问题及解决方案［J］．兰台内外，2022，7（5）：1-3．

［7］范秀丽．高校人事档案的价值及风险管理对策分析［J］．办公室业务，2022，5（3）：145-147．

［8］裴营．多种用工制度下高校人事档案管理研究——以辽宁省J高校为例［J］．兰台内外，2022，4（4）：31-33．

［9］刘明明．新公共服务理论视角下的高校人事档案管理［J］．中国民族博览，2022，7（2）：85-87．

［10］崔立影．高校人事档案信息资源的开发利用分析［J］．办公室业务，2022，7（2）：91-92．

［11］张胜．高校人事档案管理信息化建设与研究——评《高校人事档案管理实务与创新》［J］．科技管理研究，2022，42（2）：251．

［12］薛爱芹．大数据支持下的高校人事档案管理［J］．湖北开放职业学院学报，2022，35（1）：121-122．

［13］任春霞．高层次人才流动背景下高校人事档案精细化管理研究［J］．兰台内外，2022，20（2）：28-30．

［14］薛元霞．"互联网+"新业态下高校人事档案服务方式探究［J］．办公室业务，2021，24（23）：159-160.

［15］万秀萍．高校人事档案数字化外包的风险及其应对［J］．公关世界，2021，22（21）：76-77.

［16］欧阳春宜．高校人事档案管理面临的现存问题浅析［J］．山西青年，2021，14（22）：97-98.

［17］黄晓良．当前高校干部人事档案管理存在的问题及其改进措施［J］．长沙大学学报，2021，35（6）：65-69.

［18］张虹，李莹．大数据视域下高校人事档案信息化建设分析［J］．中国多媒体与网络教学学报（中旬刊），2021，20（11）：170-172.

［19］黄丹妮，周小宝．大数据下高校干部人事档案信息化建设研究［J］．黑龙江档案，2021，1（5）：64-65.

［20］吴艳壮．茶思维用于高校人事档案管理中的对策［J］．福建茶叶，2021，43（10）：164-165.

［21］谢慧婷．高校人事档案管理数字化探索——评《大数据时代的高校人事档案管理创新》［J］．热带作物学报，2021，42（10）：3104.

［22］苏烈翠．民办高校人事档案管理问题与对策探析［J］．山西青年，2021，20（20）：92-93.

［23］郭蓉．优化高校人事档案管理工作开展的策略探析［J］．开封文化艺术职业学院学报，2021，41（10）：239-240.

［24］王全云．高校人事档案管理归档存在的问题及策略研究［J］．就业与保障，2021，4（19）：182-183.

［25］陈怡君．高校人事档案数字化管理措施［J］．工程技术研究，2021，6（19）：252-253.

［26］赵玉灵，刘平．高校人事档案精细化管理策略探微［J］．山西青年，2021，2（19）：163-164.

［27］陈怡君．新时代高校人事档案管理存在的问题及对策［J］．工程技术研究，2021，6（18）：150-151.

［28］谢慧婷．高校人事档案的价值及风险管理策略［J］．档案管理，2021，9（5）：96-97.

［29］王小萍．大数据时代下的高校人事档案管理信息化建设探讨［J］．兰台内外，2021，（26）：10-12.

［30］张春艳．高校人事档案管理信息化建设的价值分析［J］．中国新通信，2021，23（17）：115-116.

［31］罗俊．高校干部人事档案管理中常见的问题及优化策略［J］．就业与保障，2021，13（14）：100-101.

［32］唐亚邦，刘艳枝．高校工勤技能人员人事档案履历分析与管理策略［J］．办公室业务，2021，20（14）：185-186.

［33］郭笑红．政府数据治理对高校人事档案管理的启示［J］．江苏科技信息，2021，38（19）：33-35.

［34］马进．高校干部人事档案审核中的问题和对策［J］．才智，2021，2（18）：126-128.

［35］辛克盛，王永红．人力资源管理视角下的高校人事档案信息化建设［J］．办公室业务，2021，17（10）：107-108.

［36］张侠，张本顺．高校与教师之间人事档案争议的法理省思［J］．法制与社会，2021，2（13）：115-116.

［37］周向东．茶思维在高校人事档案管理中应用的探究［J］．福建茶叶，2021，43（4）：257-258.

［38］孙晓旭，杜倩．新形势下高校人事档案管理的利用途径［J］．人才资源开发，2021，14（8）：41-42.

［39］刘明明．基于人力资源管理视角的高校人事档案管理探究［J］．中国民族博览，2021，32（6）：214-216.

［40］耿伟娜．人事制度改革背景下高校人事档案管理［J］．办公室业务，2021，2（6）：158+164.

［41］孙保惠．新时代高校人事档案信息化管理探析［J］．档案管理，2021，2（2）：124-125.

［42］刘英姿，夏泽义．专项审核视域下地方高校干部人事档案管理存在的问题及对策［J］．办公室业务，2021，4（5）：161-162.

［43］徐世荣．高校人事档案管理信息系统的设计与实现研究［J］．兰台内外，2021，9（7）：4-6.

［44］唐亚邦．新时代高校人事档案纸质档与电子档的整合共存［J］．办公室业务，2021，7（4）：171-172.

［45］郭萍．高校人事档案信息资源开发利用评估指标体系探析［J］．兰台世界，2021，7（2）：103-105.

［46］张华容．网络环境下高校教工人事档案管理［J］．办公室业务，2021，4（3）：144-145.

［47］谢孟胜．网络环境下高校教工人事档案管理方法探究［J］．文教资料，2021，5（4）：138-139.

［48］戴道珊．高校人事制度改革背景下人事档案管理模式研究［J］．办公室业务，2021，20（1）：152-153．

［49］杨红．高校干部人事档案数字化外包的实践——以电子科技大学为例［J］．兰台内外，2021，2（1）：10-12．

［50］农冬梅，林佳音，隆金桥．新时代下地方高校人事档案优化管理探析［J］．传媒论坛，2020，3（24）：115-116．

［51］胡春玲．高校人事档案管理模式改革创新的思路和措施［J］．就业与保障，2020，27（22）：168-169．

［52］李丽华．基于茶思维在高校人事档案管理中应用的研究［J］．福建茶叶，2020，42（11）：213-214．

［53］马云娜．干部人事档案视域下高校学生档案的问题及管理优化策略［J］．兰台内外，2020，25（35）：30-32．

［54］杨立．试论高校人事档案的精细化管理策略［J］．兰台内外，2020，30（35）：36-38．

［55］王艳婕，杨州．高校人事档案精细化管理策略［J］．吉林化工学院学报，2020，37（10）：58-60．

［56］王芳．高校人事档案管理电子信息化的思考与探析［J］．时代报告，2020，9（9）：156-157．

［57］房洁．新时期高校人事档案管理的可行性路径探索［J］．作家天地，2020，10（18）：65-66．

［58］黄晓良，黄煜．论高校人事档案秘密安全管理存在的问题及其解决路径［J］．长沙大学学报，2020，34（5）：135-140．

［59］代红，尹世学，苗季．高校人事档案管理信息系统的设计与应用［J］．兰台世界，2020，15（9）：44-46．

［60］许秀．网络发展给高校人事档案带来的改变［J］．办公室业务，2020，23（17）：132-133．

［61］刘英姿，肖春霞．地方高校干部人事档案规范化管理存在的问题与对策研究［J］．兰台内外，2020，20（28）：28-30．

［62］李晶．高校人事档案管理工作的挑战与创新［J］．呼伦贝尔学院学报，2020，28（4）：89-92．

［63］康琴．信息化背景下高校人事档案管理创新研究［J］．办公室业务，2020，1（16）：168-169．

［64］崔洁．高校人事档案管理面临的新问题与改革分析［J］．国际公关，2020，2（9）：140-141．

［65］陈媛华．大数据时代高校人事档案管理研究综述［J］．内蒙古科技与经济，2020，17（15）：29-32.

［66］杨莉．新《干部人事档案工作条例》指导下高校学生档案"建、管、用"［J］．黑龙江档案，2020，2（4）：16-17.

［67］尚红玉．新形势下高校人事档案管理的创新改革［J］．中国民族博览，2020，1（14）：251-252.

［68］杜祥辉．大数据时代高校人事档案管理面临的挑战及策略［J］．太原城市职业技术学院学报，2020，20（7）：58-59.

［69］谢军．高校干部人事档案专项审核工作探析［J］．广西广播电视大学学报，2020，31（4）：87-89.

［70］陈媛华．高校人事档案管理数字化实现的价值逻辑、条件与机制［J］．乐山师范学院学报，2020，35（7）：82-86+93.

［71］万淑君．大数据思维对高校人事档案管理工作的启示［J］．档案管理，2020，13（4）：87-88.

［72］杨舒然．关于高校人事档案服务功能的影响因素分析及强化对策探讨［J］．知识经济，2020，7（19）：128+149.

［73］陈媛华．高校人事档案数字化管理的实施策略与路径［J］．兰台世界，2020，41（6）：53-56.

［74］谢微．新形势下高校人事档案管理发展研究［J］．办公室业务，2020，51（11）：148-149.

［75］杨舒然．高校人事档案的精细化管理策略研究［J］．知识经济，2020，30（16）：20+25.

［76］罗斌．聘用制下高校人事档案管理问题及对策研究［D］．扬州：扬州大学，2020.

［77］李嫦青．科学高效管理人事档案——高校干部人事档案服务水平提升路径探索［J］．办公室业务，2020，15（10）：174+181.

［78］耿伟娜．高校人事档案管理工作创新策略探究［J］．办公室业务，2020，27（10）：175+181.

［79］邱雷，刘现英，孙文婷．高校人事档案管理规范化对教学管理的重要性［J］．科幻画报，2020，14（5）：165+167.

［80］霍奇道．新公共服务理论视角下高校人事档案管理浅谈［J］．档案管理，2020，6（3）：117-118.

［81］李影溪．"双一流"视域下高校人事档案利用服务研究——基于SWOT的分析［J］．兰台世界，2020，16（5）：104-105+108.

［82］杨舒然．高校人事档案管理信息化建设的价值［J］．办公室业务，2020，13（9）：62+64．

［83］赵晓格．新公共服务理论视角下高校人事档案管理策略探讨［J］．现代经济信息，2020，2（8）：20-21．

［84］柴瑞．高校干部人事档案信息化管理模式构建机理分析［J］．福建茶叶，2020，42（4）：71-72．

［85］乔文娟．论人事档案在高校人力资源管理中的效用［J］．中国民族博览，2020，20（8）：247-248．

［86］吴悦．新形势下高校人事档案管理人员的职业素养提升［J］．人力资源，2020，6（8）：30．

［87］高小丽．新时代高校人事档案管理探析［J］．中国档案，2020，13（4）：38-39．

［88］杨舒然．人才流动环境下高校人事档案信息化管理策略研究［J］．中国管理信息化，2020，23（8）：184-185．

［89］杨舒然．大数据时代下的高校人事档案管理中的挑战及应对途径探讨［J］．现代营销（信息版），2020，16（4）：180-181．

［90］杨舒然．关于高校人事档案规范化管理的措施探讨［J］．兰台内外，2020，19（10）：27-28．

［91］李季．高校毕业生人事档案管理问题与优化对策探索［J］．产业与科技论坛，2020，19（7）：254-255．

［92］杨舒然．关于网络环境下高校人事档案管理的挑战分析及应对措施探讨［J］．中外企业家，2020，36（8）：136-137．

［93］马进，蒲业虹．高校干部人事档案数字化建设研究［J］．兰台内外，2020，25（8）：9-10．

［94］辛克盛．新时期高校人事档案管理探析［J］．兰台内外，2020，4（8）：11-12．

［95］邓阿琴．大数据技术在高校人事档案管理中的应用［J］．科技创新导报，2020，17（8）：138+140．

［96］赵纯．新公共服务理论视角下高校人事档案管理探究［J］．科技资讯，2020，18（7）：246-247．

［97］吴利珍．加强高校人事档案管理实现档案管理现代化关键思路分析［J］．教育教学论坛，2020，5（9）：314-315．

［98］林津．高校人事档案管理信息化探究［J］．福建广播电视大学学报，2020，4（1）：46-49．

［99］赵纯．论"互联网+"新业态高校人事档案服务方式［J］．科技资讯，2020，18（6）：237-238.

［100］郭而锋．高校人事档案管理现状及创新路径探索［J］．开封文化艺术职业学院学报，2020，40（2）：116-117.

［101］金满银．大数据时代高校人事档案管理创新探讨［J］．机电兵船档案，2020，6（1）：63-65.

［102］朱莎．新时期高校人事档案管理人才队伍建设研究［J］．兰台内外，2020，8（2）：79-80.

［103］杨舒然．试论基于现代人力资源管理视角下的高校人事档案管理［J］．中外企业家，2020，7（3）：143-144.

［104］刘畅．新形势下高校人事档案精细化管理的思考［J］．福建茶叶，2019，41（12）：285-286.

［105］李燕，彭欣．高校非编合同制人员人事档案管理浅析［J］．人力资源，2019，12（22）：84.

［106］张明．关于大数据时代高校人事档案管理面临的挑战分析与应对策略探讨［J］．教育现代化，2019，6（1）：228-230.

［107］王素洁．人事制度改革下的高校人事档案管理与高校人力资源管理的思考［J］．才智，2019，36（35）：234.

［108］徐芸钰．高校人事档案数字化转型的问题与策略分析［J］．智库时代，2019，21（48）：96-97.

［109］胡程．大数据时代下的高校人事档案管理信息化建设探讨［J］．中国管理信息化，2019，22（23）：158-159.

［110］李红春．新形势下高校人事档案精细化管理的思考［J］．才智，2019，56（32）：210.

［111］林荣．高校人事档案管理信息化建设的价值、困境及其对策［J］．兰台内外，2019，63（31）：11-12.

［112］韩平．提升高校人事档案科学化管理水平的措施［J］．城建档案，2019，44（10）：89-90.

［113］张柯．大数据背景下高校人事档案管理研究［J］．现代经济信息，2019，45（20）：94.

［114］唐亚邦．新时代高校干部人事档案收集整理现状及策略［J］．办公室业务，2019，27（20）：174+189.

［115］李英．高校人事档案管理现状及创新路径［J］．办公室业务，2019，20（20）：176-177.

［116］袁建敏．高校人事档案管理面临的新问题［J］．人力资源，2019，1（18）：49.

［117］王运铎．新时期高校人事档案管理研究［J］．兰台内外，2019，12（29）：27-28.

［118］韩丽华．浅析高校人事档案管理的现状和对策［J］．现代经济信息，2019，14（19）：92.

［119］李英．高校人事档案管理信息化建设研究［J］．知识经济，2019，27（28）：128+130.

［120］赵亮．人事制度改革下的高校人事档案管理与高校人力资源管理探析［J］．内江科技，2019，40（9）：12-13.

［121］黄昆．新形势下加强高校人事档案管理工作的思考［J］．办公室业务，2019，30（18）：174.

［122］王尚祥．谈创新高校干部的人事档案管理工作的思考［J］．传播力研究，2019，3（27）：292.

［123］郑立梅．大数据时代高校人事档案管理的价值及其优化措施［J］．北极光，2019，9（9）：168-169.

［124］杨琪，廖爱社．"互联网+"新业态高校人事档案服务方式研究［J］．兰台世界，2019，5（9）：56-58.

［125］王志丽．高校干部人事档案管理及运用分析［J］．办公室业务，2019，12（17）：151.

［126］付煜．新时期高校人事档案管理信息化建设探讨［J］．办公室业务，2019，12（17）：60+70.

［127］王芳，刘畅．民族地方高校人事档案管理与开发利用［J］．文教资料，2019，34（25）：135-136.

［128］李明．高校干部人事档案管理现状分析［J］．管理观察，2019，19（24）：129-130.

［129］马仁杰．从南京大学沈阳事件看高校人事档案管理与利用［J］．档案学研究，2019，16（4）：31-34.

［130］陆冬梅．高校电子文件一体化管理中人事档案管理机制与对策研究［J］．价值工程，2019，38（23）：115-117.

［131］朱昶敏．如何做好高校人事档案工作［J］．档案时空，2019，15（8）：46-47.

［132］韩超．信息时代高校人事档案管理的研究［J］．兰台内外，2019，16（23）：1-2.

［133］李婷婷．加强人事档案在高校引进人才中的服务功能新探［J］．环渤海经济瞭望，2019，29（8）：133．

［134］王蓓．高校人事档案的建设和管理问题研究［J］．智库时代，2019，30（33）：73-74．

［135］周美玲．浅析高校"互联网+"人事档案共享平台的建设［J］．兰台内外，2019，（20）：14-15．

［136］廖利香，吴青霞．新时期地方高校人事档案管理优化研究［J］．档案天地，2019，8（7）：36-37+10．

［137］邵永斌．基于Citespace V的人事档案系统与高校档案数字化可视分析研究［J］．兰台世界，2019，7（7）：51-54．

［138］黄昆．高校人事档案管理及应用研究［J］．兰台内外，2019，26（19）：21-22．

［139］胡芳．高校人事档案管理文献趋势探讨［J］．绿色科技，2019，28（12）：262-263+269．

［140］张震雄．新公共服务理论视角下高校人事档案管理研究［J］．山西档案，2019，12（3）：54-56．

［141］李静．从干部档案审核视角论新形势下高校人事档案管理［J］．兰台内外，2019，（17）：13-15．

［142］朱欢．大数据时代高校人事档案管理的价值及其优化路径研究［J］．才智，2019，32（16）：234．

［143］柴瑞．数字化档案背景下高校人事档案管理人员的职业素养提升［J］．办公室业务，2019，11（11）：135．

［144］李庆刚．高校人事档案管理浅析［J］．中国多媒体与网络教学学报（上旬刊），2019，12（6）：77-78．

［145］程培英．"三严三实"背景下高校干部人事档案问题及对策——以湖州师范学院为例［J］．办公室业务，2019，6（10）：183-184．

［146］吕鹏娟．高层次人才流动背景下高校人事档案管理中的常见问题及对策［J］．档案管理，20199，（3）：88-89．

［147］计超．高校人事档案管理中存在的问题及对策——以全国干部人事档案专项审核为例［J］．湖北开放职业学院学报，2019，32（9）：66-68．

［148］张建修．高校人事档案管理信息化探究［J］．现代经济信息，2019，28（9）：109．

［149］赵玉灵．试析网络环境下高校人事档案管理的挑战及应对措施［J］．办公室业务，2019，37（9）：129．

［150］唐诗佳．新形势下高校干部人事档案管理和发展探讨［J］．办公室业务，2019，33（8）：171-172．

［151］黄昆．人才流动环境下高校人事档案管理模式探析——以江苏淮安高校为例［J］．档案与建设，2019，8（4）：56-58．

［152］韩钟．职称制度改革背景下的高校人事档案管理工作［J］．文教资料，2019，8（11）：120-121．

［153］．解读吉林省高校毕业生人事档案保管相关政策［J］．劳动保障世界，2019，7（10）：51．

［154］张加琦．新时代高校人事档案资源建设［J］．兰台内外，2019，2（10）：55-56．

［155］李轶轩．新形势下高校人事档案管理问题与对策研究［J］．参花（上），2019，3（4）：142-143．

［156］赵亮．新时期高校人事档案的开发利用策略［J］．青年与社会，2019，10（10）：132-133．

［157］白琳．高校人事档案管理之我见［J］．吕梁教育学院学报，2019，36（1）：71-72．

［158］王丽娟．高校人事档案管理存在的问题及应对措施浅谈［J］．散文百家（新语文活页），2019，6（3）：198．

［159］黄莉雯．大数据环境下高校人事档案管理云存储构建［J］．兰台内外，2019，4（7）：7-8．

［160］董妍．高校人事档案管理的意义与创新路径研究［J］．办公室业务，2019，5（5）：132．

［161］苏颖超．论新时期高校人事档案的开发利用策略［J］．兰台内外，2019，12（6）：71-72．

［162］杨阳，关英慧．高校人事档案的重要意义及其有效利用［J］．办公室业务，2019，5（4）：172．

［163］杨琪．高校人事档案管理现状及问题与对策研究［J］．办公室业务，2019，5（4）：173-174．

［164］孙晶．助推广东一流高职院校战略发展的高校人事档案管理工作探究［J］．今日财富，2019，9（4）：62-63．

［165］黄红．新形势下高校人事档案工作探析——基于机关事业单位养老保险制度改革［J］．劳动保障世界，2019，23（5）：20-21．

［166］贾艳云．新时代背景下高校干部人事档案工作的对策研究［J］．兰台内外，2019，15（5）：71-72．

[167] 付煜．浅谈社会转型时期高校人事档案管理制度 [J]．兰台内外，2019，1（5）：21-22．

[168] 曾小武．浅析高校人事档案利用效率低下问题 [J]．黑龙江档案，2019，2（1）：59．

[169] 李轶轩．信息化背景下高校人事档案管理的实践与探索 [J]．智富时代，2019，9（2）：130．

[170] 杨阳，关英慧．新时期高校人事档案管理面临的问题与对策 [J]．办公室业务，2019，7（3）：155．

[171] 顾裕文．论高校人事档案管理面临的新问题与改革途径 [J]．兰台内外，2019，8（4）：16-17．

[172] 罗艳丽．聘用制下高校人事档案管理的问题与对策 [J]．决策探索（下），2019，7（1）：71-73．

[173] 任春霞．论高校人事档案与教职工个人民生问题 [J]．办公室业务，2019，44（2）：158-159．

[174] 于清华．高校教师人事档案价值 [J]．黑河学院学报，2019，10（1）：200-201．

[175] 章桂旻．论高校人事档案管理面临的新问题与改革路径 [J]．明日风尚，2019，10（2）：125．

[176] 陈荔．全员聘用视角下高校人事档案管理模式的优化分析 [J]．兰台内外，2019，12（2）：15-16．

[177] 冯小芳．关于高校人事档案管理信息化的几点思考 [J]．兰台内外，2019，2（2）：57-58．

[178] 叶育红．高校干部人事档案数字信息化建设探索与实践——以中国地质大学（北京）为例 [J]．中国地质教育，2018，27（4）：52-55．

[179] 钱艳艳．人力资源管理视角下的高校人事档案信息化建设 [J]．管理观察，2019，21（1）：106-107．

[180] 董莉清，韩海涛．我对高校人事档案工作的感悟 [J]．兰台世界，2019，9（1）：99-101．

[181] 翟永红．高校人力资源管理中人事档案开发研究 [J]．办公室业务，2019，2（1）：134．

[182] 张雷．大数据背景下高校人事档案管理的问题及策略 [J]．青年与社会，2019，1（1）：138．

[183] 罗小燕．探讨新形势下高校人事档案管理创新改革 [J]．长江丛刊，2019，2（1）：157+221．

［184］付艳．大数据背景下高校人事档案管理研究［J］．连云港职业技术学院学报，2018，31（4）：72-76．

［185］杨琪．提高高校人事档案管理信息化路径选择［J］．办公室业务，2018，22（24）：95-97．

［186］刘薇．完善人事档案管理模式推进高校人才资源开发［J］．管理观察，2018，34（35）：132-133．

［187］徐玲．高校人事档案管理存在的问题及应对措施研究［J］．湖南邮电职业技术学院学报，2018，17（4）：98-100．

［188］何宗哲．试论高校人事档案材料的有效收集［J］．企业科技与发展，2018，7（12）：176-177．

［189］杨阳．高校人事档案管理工作的重要性及其措施［J］．办公室业务，2018，7（23）：115．

［190］唐诗佯．大数据时代高校人事档案管理的价值与优化对策［J］．城建档案，2018，12（11）：63-64．

［191］田敏．构建新常态下高校干部人事档案的管理机制［J］．兰台内外，2018，6（9）：33-34．

［192］杨阳．加强高校人事档案审核工作的若干思考［J］．办公室业务，2018，4（21）：122．

［193］姜春黎．高校人事档案收集探究［J］．佳木斯职业学院学报，2018，5（10）：449．

［194］易祥松．论高校人事档案管理面临的新问题与改革路径［J］．今日财富（中国知识产权），2018，12（10）：83．

［195］杨碧倩．大数据背景下高校人事档案管理面临的挑战及策略［J］．管理观察，2018，26（28）：126-127．

［196］吴彧一．大数据背景下高校人事档案管理的发展［J］．兰台世界，2018，8（10）：53-54．

［197］贾艳云．新时期高校人事档案的开发利用策略探讨［J］．兰台世界，2018，12（10）：92-94．

［198］王素洁．基于聘用制下高校人事档案管理问题及其对策探讨［J］．知识经济，2018，2（19）：35+37．

［199］徐玲．档案事业发展"十三五"规划背景下高校人事档案建设研究［J］．湖南大众传媒职业技术学院学报，2018，18（3）：103-105．

［200］姬广萍．新时期高校人事档案管理的思路研究［J］．中外企业家，2018，（26）：112．

［201］王剑．高校人事档案管理研究［J］．科技视界，2018，（25）：263+205．

［202］黄宇宏．浅谈高校新进教师人事档案的审核［J］．湖北函授大学学报，2018，31（16）：56-57+62．

［203］朱舒然．高校人事档案数字化转型的问题与策略［J］．山西档案，2018，5（5）：59-61．

［204］郑玮炜．大数据环境下高校人事档案管理面临的机遇、挑战及应对策略［J］．辽宁经济职业技术学院．辽宁经济管理干部学院学报，2018，1（4）：32-34．

［205］李云亮．高校人事档案管理系统在"大数据"时代下的建设探究［J］．计算机产品与流通，2018，2（8）：143．

［206］朱培芳．新时期高校人事档案管理面临的问题及应对策略［J］．兰台世界，2018，6（8）：62-64．

［207］包丽苹．浅谈高校人事档案管理者职业素养的提升［J］．办公室业务，2018，8（15）：141-142．

［208］陈珍．助推"双一流"战略发展的高校人事档案管理工作探讨［J］．办公室业务，2018，22（15）：143-144．

［209］黄宇宏．联络员制度在高校人事档案材料收集中的应用［J］．中国管理信息化，2018，21（15）：158-161．

［210］李红菊．论高校人事档案信息化的必要性——以事业单位养老保险业务为例［J］．长江丛刊，2018，12（23）：221．

［211］刘畅．高校人事档案管理面临的新问题与改革路径［J］．南方农机，2018，49（14）：226-227．

［212］李兴春，马雁．高校人事档案管理存在的问题及优化策略［J］．重庆文理学院学报（社会科学版），2018，37（4）：118-125．

［213］甘璐，张曙，申飞．"互联网＋"时代高校人事档案管理工作面对的挑战及对策探讨［J］．城建档案，2018，8（7）：62-63．

［214］陈政．高校人事档案管理信息化建设探讨［J］．城建档案，2018，9（7）：29-30．

［215］亢云洁．大数据时代背景下高校人事档案的信息化建设［J］．科技视界，2018，12（21）：125-126．

［216］王韶频．解决高校人事档案问题的对策——建立高校联合人事档案中心刍议［J］．佳木斯职业学院学报，2018，5（7）：476-477．

［217］孙静．高校人事档案管理在大数据时代的新机遇［J］．青春岁月，2018，3（13）：90+89.

［218］曹原．高校人事档案重要性及规范管理研究［J］．长江丛刊，2018，2（21）：243-244.

［219］苑伊彬．高校人事档案管理的重要性思考［J］．长江丛刊，2018，8（21）：253-254.

［220］赵子叶．高校人事档案管理与利用在大数据环境下的思考［J］．才智，2018，1（18）：250.

［221］杨碧倩．创新高校人事档案管理制度及模式的路径分析［J］．人才资源开发，2018，10（12）：20-21.

［222］穆昌进．高校人事档案专项审核给档案管理工作带来的启示［J］．贵阳学院学报（自然科学版），2018，13（2）：58-60.

［223］张端．高校人事档案管理渗透茶文化［J］．福建茶叶，2018，40（7）：260.

［224］蔡珊珊．数据信息化视域下高校人事档案管理研究［J］．兰台世界，2018，9（6）：56-58.

［225］周莹莹．新时期高校人事档案管理信息化建设思考［J］．办公室业务，2018，2（11）：48.

［226］邓斐．高校人事档案管理面临的新问题与改革路径［J］．中国管理信息化，2018，21（11）：152-153.

［227］宋美华，王瑞林．试论高校人事档案管理工作的难点与对策［J］．传播力研究，2018，2（16）：232.

［228］潘海燕．互联网时代下高校人事档案管理的挑战及应对策略［J］．江苏科技信息，2018，35（15）：57-59.

［229］陈宇萍．基于新公共服务理论的福建省高校人事档案管理研究［D］．泉州：华侨大学，2018.

［230］姜春黎．高校人事档案管理的价值、问题与改进措施分析［J］．考试周刊，2018，9（48）：195.

［231］刘岁梅．茶思维在高校人事档案管理中的运用［J］．福建茶叶，2018，40（6）：233.

［232］李群，刘钊．基于人事档案审核的高校人事代理人员档案研究［J］．管理观察，2018，1（14）：125-126.

［233］苑伊彬．新时期高校人事档案管理创新分析［J］．中国管理信息化，2018，21（10）：188-189.

［234］朱瑜．现阶段高校人事档案管理中存在的问题及对策研究［J］．中国管理信息化，2018，21（10）：190-191．

［235］许珍花．大数据时代高校人事档案管理的问题与创新应用［J］．管理观察，2018，54（13）：135-137．

［236］张建修．信息时代下的高校人事档案管理［J］．新校园（阅读），2018，4（5）：174．

［237］王毅．新形势下人才服务机构对高校毕业生人事档案的信息化管理初探［J］．办公室业务，2018，2（9）：42-43．

［238］王涛．高校人事档案管理的价值、问题与改进［J］．教育现代化，2018，5（18）：183-184．

［239］刘贝贝．人事制度改革下的高校人事档案管理与高校人力资源管理的思考［J］．陕西档案，2018，7（2）：42-43．

［240］詹秀琴．高校人事档案管理中的问题与对策［J］．延边教育学院学报，2018，32（2）：52-53．

［241］李爽．未来高校人事档案管理模式的探索［J］．辽宁科技学院学报，2018，20（2）：105-106．

［242］贾艳云．新时期高校人事档案的开发利用策略探讨［J］．兰台世界，2018，9（4）：81-83．

［243］甘萍．新时期高校干部人事档案管理人员素质要求与提升路径探讨［J］．办公室业务，2018，11（7）：141．

［244］王艳婕．新形势下高校人事档案管理问题与对策［J］．山西青年，2018，7（6）：184．

［245］李同川．试论高校人事档案管理面临的新问题与改革路径［J］．时代教育，2018，7（5）：124．

［246］马红宇．有关加强高校人事档案管理工作的几点建议［J］．中国管理信息化，2018，21（5）：178-179．

［247］付煜．信息化视野下高校人事档案管理对策探索［J］．城建档案，2018，6（2）：65-66．

［248］徐洁．从利用角度看如何推进地方高校干部人事档案工作［J］．办公室业务，2018，12（4）：174+182．

［249］刘玮．中国高校人事档案在人事管理工作中的重要性［J］．才智，2018，30（6）：235-236．

［250］魏娟．浅析人事档案管理机制对高校人才队伍的影响［J］．企业科技与发展，2018，14（2）：297-298．

[251] 李群．聘用制下高校人事档案管理模式及主要策略［J］．科教导刊（下旬），2018，3（3）：12-13．

[252] 刘玮．高校人事档案管理存在的问题与对策［J］．长江丛刊，2018，13（3）：188-189．

[253] 冯瑞芳．高校人事档案管理信息化建设问题的探究［J］．北方文学，2018，4（2）：171．

[254] 陈嘉莉．浅谈当今高校后勤人事档案管理［J］．汉字文化，2018，8（1）：103．

[255] 张倩．新时期高校人事档案管理面临的困境及对策研究［J］．长江丛刊，2018，16（1）：220．

[256] 那朝霞，张琳．高校人事档案信息化建设的实现及其优化［J］．中国管理信息化，2018，21（1）：124-125．

[257] 唐阿涛．新建本科高校人事档案信息化建设探析［J］．山东工会论坛，2017，23（6）：106-108．

[258] 郭丹．高校人事档案管理工作现状研究［J］．三峡大学学报（人文社会科学版），2017，39（2）：98-99．

[259] 王丽．高校人事档案管理工作现状及创新探索［J］．管理观察，2017，6（34）：133-134．

[260] 钱剑群，毛峥嵘．加强高校人事档案管理的分析与思考［J］．浙江档案，2017，4（11）：62-63．

[261] 方丽华．大数据时代高校人事档案管理面临的挑战及应对策略［J］．现代交际，2017，6（23）：63．

[262] 陈乔辉，黄顺利．人事档案在高校的利用研究［J］．办公室业务，2017，7（22）：175．

[263] 龙彦．论大数据时代高校人事档案管理面临的挑战及对策［J］．中国管理信息化，2017，20（21）：145-146．

[264] 魏娟，仲英涛．浅析电子档案在高校人事档案管理工作中的应用［J］．决策探索（下半月），2017，5（10）：74．

[265] 姜丹．基于信息化环境下的高校人事档案管理创新研究［J］．办公室业务，2017，（20）：177+108．

[266] 赵子叶．高校人事档案信息化对高校服务策略的影响［J］．中国管理信息化，2017，20（20）：168-169．

[267] 李娟．关于边疆高校人事档案管理工作的思考［J］．办公室业务，2017，10（19）：145．

[268] 孙静．高校教育管理下计算机网络技术在人事档案管理中的应用及完善 [J]．知识经济，2017，25（19）：131-132.

[269] 张双英．高校人事档案达标考核中缺漏材料补充之思考 [J]．办公室业务，2017，36（18）：170-171.

[270] 张立志．大数据背景下高校人事档案信息化建设探讨 [J]．城建档案，2017，28（9）：25-26.

[271] 刘蔚．高校人事档案管理制度与模式的创新探索 [J]．产业与科技论坛，2017，16（18）：226-227.

[272] 陈桂香．人力资源管理视角下的高校人事档案管理工作探析 [J]．佳木斯职业学院学报，2017，29（9）：475-476.

[273] 戴玲，陈岚，唐圣琴，李宛蓉，汤润雪．高校人事档案数字化外包的工作机制研究 [J]．兰台世界，2017，31（18）：42-44.

[274] 孙静．探析计算机信息技术在高校人事档案管理中的应用 [J]．陕西教育（高教），2017，33（9）：49-50.

[275] 梁伟杰．基于信息公开制度下的高校人事档案管理机制研究 [J]．内蒙古科技与经济，2017，38（16）：34-36.

[276] 林景行．大数据时代高校人事档案管理的价值与改进路径研究 [J]．北京印刷学院学报，2017，25（4）：54-56.

[277] 陈桂香．高校人事档案"三龄两历"专项审核工作的思考 [J]．办公室业务，2017，20（16）：170-171.

[278] 苏颖超．新时期高校人事档案管理存在的问题与对策 [J]．陕西档案，2017，24（4）：45-46.

[279] 王琼．关于高校教师人事档案管理的思考 [J]．才智，2017，4（24）：183-184.

[280] 刘然．浅析高校人事档案管理数字化建设的要点 [J]．知识文库，2017，6（16）：163.

[281] 李洋．我国高校人事档案管理研究的文献计量分析 [J]．长春师范大学学报，2017，36（8）：167-168+173.

[282] 王艳婕，肖丽丽．高校人事档案服务数字化建设策略研究 [J]．吉林化工学院学报，2017，34（8）：68-70.

[283] 张文，薛晓萌，刘红．"前端控制"在高校人事档案管理实践中的运用 [J]．黑龙江档案，2017，8（4）：41-42.

[284] 王佐．增强人事档案在高校引进人才中的服务功能的措施 [J]．中国多媒体与网络教学学报（电子版），2017，11（4）：384.

［285］陈桂香．高校人事档案管理人员的素质提升策略［J］．办公室业务，2017，12（14）：149+151.

［286］范烨，董杰．高校干部人事档案专项审核实践探析［J］．商业经济，2017，14（7）：105-106.

［287］曹方玲．大数据环境下高校人事档案的管理与利用［J］．新西部，2017，19（18）：118+65.

［288］陈婷婷，张晶．关于高校人事档案信息化管理建设中的问题探究［J］．通讯世界，2017，35（13）：251.

［289］陆冬梅．信息化建设对高校人事档案发展趋势的影响研究［J］．现代职业教育，2017，（19）：162-163.

［290］梁伟杰．信息化背景下高校人事档案管理模式优化策略的探讨［J］．钦州学院学报，2017，32（6）：91-95.

［291］李巍．基于聘用制下高校人事档案管理问题及其对策分析［J］．佳木斯职业学院学报，2017，25（6）：471.

［292］史晓燕．浅谈对高校干部人事档案审核工作的体会［J］．办公室业务，2017，27（11）：145.

［293］王剑．浅谈高校人事档案利用中存在的问题及对策［J］．科技视界，2017，23（16）：107.

［294］赵子叶．高校人事档案管理系统在"大数据"时代下的建设探究——以西安医学院为例［J］．人才资源开发，2017，1（10）：91-92.

［295］冯琨．干部人事档案专项审核工作给高校人事档案管理带来的启示［J］．劳动保障世界，2017，25（14）：52-53.

［296］刘蔚．高校人事档案管理人员素质研究［J］．办公室业务，2017，12（9）：142.

［297］刘蔚．高校人事档案管理的"围困"与"突围"［J］．管理观察，2017，52（13）：138-139.

［298］史晓燕．浅析信息时代背景下高校干部人事档案工作的思考［J］．现代经济信息，2017，2（9）：152.

［299］李巍．高校人事档案管理问题与改革路径的研究［J］．佳木斯职业学院学报，2017，1（4）：482.

［300］吴清红．高校干部人事档案数字化探讨［J］．新校园（阅读），2017，2（4）：163.

［301］陈俊凤．高校人事档案管理工作现状及对策研究［J］．办公室业务，2017，4（7）：146.

［302］任南竹．高校人事档案管理改革探索——基于对高校人才"弃档"问题的分析［J］．经营与管理，2017，4（4）：158-160．

［303］邵彬．加强高校人事档案管理的价值和改进策略［J］．中华少年，2017，8（9）：311．

［304］杨永静．高校人事档案管理面临的新问题与改革路径分析［J］．赤子（下旬），2017，8（3）：129-130．

［305］张萌．信息化视角下高校人事档案管理探析［J］．人才资源开发，2017，7（6）：35．

［306］王声军．高校人事档案管理工作探讨［J］．山西青年，2017，3（6）：219．

［307］刘亚静．高校人事档案管理现状及对策［J］．佳木斯职业学院学报，2017，4（3）：482．

［308］任平．高校人事档案管理信息化建设［J］．兰台世界，2017，5（6）：45-47．

［309］邵彬．如何切实加强高校人事档案管理［J］．科学中国人，2017，3（8）：79．

［310］曲涛．浅议高校人事档案管理人员的素质培养［J］．办公室业务，2017，8（4）：156．

［311］贺滢锦．信息化时代高校人事档案管理创新方向探讨［J］．科教导刊（下旬），2017，8（6）：15-16+22．

［312］刘春晖．高校干部人事档案专项审核工作探讨［J］．管理观察，2017，8（5）：127-128+131．

［313］邵彬．高校人事档案创新管理模式探讨［J］．科学中国人，2017，36（5）：87．

［314］柴双超．浅谈高校人事档案归属问题［J］．黑龙江科学，2017，8（3）：112-113．

［315］王莉娜，程鹏．大数据环境下高校人事档案的管理与利用［J］．兰台世界，2017，7（3）：40-42．

［316］屈俊华．新形势下高校人事档案管理问题与对策［J］．山西档案，2017，3（1）：58-60．

［317］陈曼煜．刍议高校人事档案管理信息化建设［J］．山西档案，2017，7（1）：76-78．

［318］陈雪云．浅析当前高校毕业生人事档案管理的创新性［J］．人才资源开发，2017，4（2）：158-159．

［319］任南竹．大数据时代下的高校人事档案管理信息化建设探讨［J］．劳动保障世界，2017，11（3）：51+53.

［320］沈冰洲．关于高校人事档案管理工作改革发展的思考［J］．佳木斯职业学院学报，2017，10（1）：484.

［321］李影溪．论高校人事档案管理存在的问题及对策［J］．办公室业务，2017，1（1）：125-126.

［322］占俊．融入"云技术"的高校人事档案管理系统的运作分析［J］．赤子（上中旬），2014，26（24）：159.

［323］李小芳．高校人事档案管理初探［J］．开封教育学院学报，2016，36（11）：258-259.

［324］王剑．在高校人事档案管理中的几点思考［J］．科技视界，2016，10（26）：286+295.

［325］刘妍．基于电子政务的高校人事档案管理思考［J］．咸阳师范学院学报，2016，31（4）：104-106.

［326］钟华．高校人事档案管理面临的新问题及对策［J］．办公室业务，2016，44（14）：146.

［327］娄楠．高校人事档案管理的现状与创新探索［J］．产业与科技论坛，2016，15（9）：224-225.

［328］姚路明．论聘用制环境下高校人事档案管理的完善［J］．科技经济市场，2016，2（5）：229-230.

［329］沈冰洲．浅谈新形势下高校人事档案管理工作［J］．办公室业务，2016，5（7）：144-145.

［330］高谭．高校人事档案管理改革若干问题的思考［J］．办公室业务，2016，3（6）：168.

［331］黄廷红．高校人事档案管理中存在的问题与对策［J］．泰州职业技术学院学报，2016，16（1）：29-31.

［332］彭艳．基于大数据的高校人事档案管理转型［J］．人力资源管理，2016，5（2）：174.

［333］周秀清．新形势下高校人事档案管理工作存在的问题与对策探析［J］．内蒙古科技与经济，2016，4（2）：36-37.

［334］张春燕．浅析高校人事档案管理现状及改进措施——以厦门南洋职业学院为例［J］．赤子（上中旬），2016，5（1）：154.

［335］张勇，张莉．高校人事档案管理现状研究［J］．兰台世界，2015，20（35）：76-77.

［336］邓小燕．高校人事档案管理工作初探［J］．内蒙古科技与经济，2015，1（22）：35.

［337］林景行．聘用制度下的高校人事档案管理分析［J］．高教学刊，2015，12（18）：158-159.

［338］席美珍．高校人事档案管理的问题及对策［J］．城建档案，2015，6（9）：81-82.

［339］张春燕．如何提升民办高校人事档案管理效能的思考［J］．科技资讯，2015，13（27）：107-108.

［340］朱鹏艳．市场经济背景下高校人事档案管理问题探究［J］．品牌，2015，8（8）：270-271.

［341］马晓珊．高校人事档案管理的新取向［J］．中小企业管理与科技（下旬刊），2015，4（8）：26.

［342］马晓珊．信息化视野下的高校人事档案管理对策分析［J］．长江丛刊，2015，2（22）：119.

［343］于凤仙．高校人事档案管理信息化的探讨［J］．办公室业务，2015，1（15）：95.

［344］王玉．大数据背景下高校人事档案管理的思考［J］．山西档案，2015，2（4）：96-98.

［345］朱小菊．高校人事档案管理模式改革与思考［J］．新西部（理论版），2015，1（13）：102.

［346］巫艳芬．高校人事档案管理的问题与对策分析［J］．甘肃科技，2015，31（13）：85-87.

［347］田晓琼．创新高校人事档案管理模式的分析［J］．人力资源管理，2015，9（7）：300.

［348］侯光兰．新时期环境下如何做好高校人事档案管理工作研究［J］．中国管理信息化，2015，18（12）：212-213.

［349］巫艳芬．浅析高校人事档案管理人员素质的提高［J］．雪莲，2015，5（17）：123+132.

［350］王倩．人事制度改革下的高校人事档案管理研究［J］．兰台世界，2015，（17）：60-61.

［351］姜慧琳．浅谈高校人事档案管理的现代化［J］．黑龙江史志，2015，4（9）：132.

［352］姚翠．民办高校人事档案管理的现状与建议［J］．赤子（上中旬），2015，3（5）：127.

［353］游彩霞．基于维普平台的高校人事档案管理研究文献分析［J］．广东职业技术教育与研究，2015，2（1）：60-62．

［354］卢青．高校人事档案管理中工资类档案管理［J］．人才资源开发，2015，5（4）：127．

［355］刘海燕．高校人事档案管理的现状与对策探索［J］．产业与科技论坛，2015，14（3）：246-247．

［356］胡杰军．试析高校人事档案管理中的不足与解决方法［J］．人力资源管理，2015，4（2）：203．

［357］于明霞．高校人事档案管理工作的创新探讨［J］．才智，2014，4（35）：37+39．

［358］高峰．高校人事档案管理［J］．学园，2014，4（31）：59．

［359］张翀．新时期下做好高校人事档案管理工作的策略分析［J］．知识经济，2014，3（21）：140．

［360］王春艳．信息化环境中的高校人事档案管理探索［J］．产业与科技论坛，2014，13（20）：250-251．

［361］张瑾．信息化背景下高校人事档案管理的创新研究［J］．山东女子学院学报，2014，10（4）：94-96．

［362］张翀．浅议高校人事档案管理人员的素质培养［J］．理论前沿，2014，5（9）：109-110．

［363］张翀．高校人事档案管理体制的完善策略研究［J］．现代经济信息，2014，4（18）：33．

［364］王茜．高校人事档案管理现状及对策探讨［J］．品牌（下半月），2014，6（8）：222．

［365］王剑．信息化背景下如何加强高校人事档案管理［J］．城建档案，2014，7（8）：76-77．

［366］杨吟．聘任制下高校人事档案管理工作中存在的问题及应对措施［J］．学园，2014，23（21）：42-43．

［367］朱莉，张麟．高校人事档案管理面临的新问题与改革路径探讨［J］．人力资源管理，2014，6（7）：282．

［368］叶文玲．剖析高校人事档案管理模式的改革创新［J］．办公室业务，2014，14（13）：92-93．

［369］明文梅．创新高校岗位管理与聘用加强人事档案工作建设［J］．城建档案，2014，44（12）：49-51．

［370］高俊娜．以科学发展观为指导做好高校人事档案管理工作［J］．中

小企业管理与科技（下旬刊），2014，4（6）：86.

［371］孟庆霞. 高校人事档案管理改革探析［J］. 神州，2014，1（12）：265.

［372］贾振玲. 对高校人事档案管理工作的探讨［J］. 兵团教育学院学报，2014，24（2）：50-51.

［373］闭线林，黄凡珏. 聘用制下高校人事档案管理的信息化建设［J］. 城建档案，2014，8（4）：67-68.

［374］吴晓琴，陈彬，何喆. 改进高校人事档案管理现状的研究［J］. 四川旅游学院学报，2014，6（2）：93-96.

［375］任红燕. 浅析江苏地方高校人事档案管理体制——兼与彭坚同志商榷［J］. 办公室业务，2014，4（5）：103-104.

［376］史晓燕，马丽霞. 高校人事档案管理的现状与对策——内蒙古医科大学为例［J］. 中小企业管理与科技（下旬刊），2014，5（2）：35-36.

［377］杨洋. 高校人事档案管理开放性服务的应用对策［J］. 黑河学刊，2014，6（2）：169-170.

［378］吴冬梅. 高校人事档案管理的现代化［J］. 教育教学论坛，2014，7（4）：18-19.

［379］宋绍梅. 创新高校人事档案管理模式的思考［J］. 中国科教创新导刊，2013，3（34）：224.

［380］明文梅. 高校人事档案管理模式创新［J］. 中国冶金教育，2013，2（5）：88-90.

［381］王艳婕. 高校人事档案管理现状及解决方案［J］. 吉林化工学院学报，2013，30（10）：134-136.

［382］牛莉侠. 高校人事档案管理的若干思考［J］. 产业与科技论坛，2013，12（16）：243-244.

［383］张建溪. 计算机网络技术在高校人事档案管理中的应用［J］. 科技创新与应用，2013，11（20）：71.

［384］张翀. 高校人事档案管理存在的问题与对策［J］. 兰台世界，2013，12（17）：73-74.

［385］陈智芬. 高校人事档案管理数据化刍议［J］. 学理论，2013，14（12）：191-192.

［386］纪朝彬. 高校人事档案管理的深化与发展［J］. 山西青年，2013，12（8）：37-38.

［387］陈智芬．岗位设置背景下高校人事档案管理［J］．太原城市职业技术学院学报，2013，11（3）：102-103．

［388］葛雅京．高校人事档案管理中存在的问题与对策研究［J］．学园，2013，8（8）：56-57．

［389］李丽．浅谈高校人事档案管理创新［J］．青春岁月，2013，8（5）：235．

［390］李新仓．聘用制视野下高校人事档案管理研究［J］．兰台世界，2013，7（5）：41-42．

［391］潘廷将，陈艳宁，黄凤妮．当前普通高校人事档案管理存在的问题及对策［J］．右江民族医学院学报，2012，34（6）：839-840．

［392］杨文利，胡雪飞，金晓原．5S管理在高校人事档案管理中的应用［J］．无线互联科技，2012，7（12）：107．

［393］张秀芹．新形势下高校人事档案管理工作的思考［J］．青春岁月，2012，78（23）：243．

［394］陈晓梅．高校人事档案管理工作存在的问题及对策［J］．边疆经济与文化，2012，50（11）：108-109．

［395］洪涓．做好高校人事档案管理工作促进高校人力资源开发［J］．办公室业务，2012，20（21）：73-74．

［396］陆冬梅．高校人事档案管理创新之我见［J］．才智，2012，4（29）：334．

［397］赖凡．论高校人事档案管理的信息化建设［J］．科技信息，2012，2（26）：106．

［398］吴晓琴．高校人事档案管理的问题及对策浅析［J］．四川烹饪高等专科学校学报，2012，14（4）：90-93．

［399］田今晖．高校人事档案管理中存在的问题与对策研究［J］．内蒙古财经学院学报（综合版），2012，10（3）：146-149．

［400］陈莉．论高校人事档案管理如何实现多媒体网络化［J］．赤峰学院学报（自然科学版），2012，28（12）：129-131．

［401］王晓波．数字化背景下高校人事档案管理研究［D］．南京：南京大学，2012．

［402］吴冬梅．高校人事档案管理中存在问题与对策［J］．职业技术，2012，45（5）：136．

［403］李艳．高校人事档案管理的价值、问题与改进［J］．科技创新导报，2012，2（11）：217-218．

［404］马丽．对高校人事档案管理若干问题的思考［J］．北京档案，2012，1（3）：36-37．

［405］孙序，于静环．民办高校人事档案管理现状与改革设想［J］．成人教育，2012，32（2）：102-103．

［406］罗丽英．聘用制下高校人事档案管理问题、对策与趋势［J］．邢台职业技术学院学报，2011，28（6）：31-32．

［407］李芳芳．浅谈高校人事档案管理［J］．新乡学院学报（社会科学版），2011，25（6）：152-154．

［408］袁芝．高校人事档案管理体制的选择与完善［J］．山西档案，2011，5（5）：35-36．

［409］李媛．民办高校人事档案管理主要问题及创新［J］．科技信息，2011，1（29）：221+216．

［410］张柳．渐进决策模型下的高校人事档案管理［J］．产业与科技论坛，2011，10（16）：229-230．

［411］林苑纯．略论高校人事档案管理与人力资源管理［J］．中共银川市委党校学报，2011，13（3）：67-69．

［412］范文琪．高校人事档案管理模式探讨［J］．南昌教育学院学报，2011，26（5）：81+83．

［413］马蓉．高校人事档案管理现代化探讨［J］．唐山师范学院学报，2011，33（2）：150-151．

［414］赵静．高校人事档案管理的新思考［J］．才智，2011，6（5）：342．

［415］刘维秦．论我国高校人事档案管理的现状和策略［J］．科技创新导报，2011，1（1）：199．

［416］刘佳．完善高校人事档案管理的若干构想［J］．吉林省经济管理干部学院学报，2010，24（6）：91-93．

［417］胡映君．高校人事档案管理发展去向探讨［J］．兰台世界，2010，2（24）：37-38．

［418］伍丹玉，廖海琳，吴珊娜，彭丽萍．构建高校人事档案管理模式的思考［J］．广西中医学院学报，2010，13（4）：115-116．

［419］张延玲．关于做好高校人事档案管理利用工作的思考［J］．工会论坛（山东省工会管理干部学院学报），2010，16（6）：126-127．

［420］单坚．加强和完善高校人事档案管理势在必行［J］．黑龙江史志，2010，（21）：64-65．

［421］陈小红．信息化视野下的高校人事档案管理对策［J］．北京档案，2010，（10）：28．

［422］刘莉，李雪海．浅谈高校人事档案管理的新思维［J］．科技情报开发与经济，2010，20（29）：148-150．

［423］戎晔．高校人事档案管理现状与信息化建设探析［J］．现代商贸工业，2010，22（19）：333-334．

［424］李群，周海燕．浅析高校人事档案管理工作改革创新［J］．黑龙江史志，2010，6（17）：59-60．

［425］黄斌．论聘用制环境下高校人事档案管理的完善［J］．兰台世界，2010，18（14）：40-41．

［426］张晓婷．新时期高校人事档案管理的思考［J］．青海师范大学学报（哲学社会科学版），2010，32（4）：141-143．

［427］雷济菁．论高校人事档案管理工作的实践与创新［J］．现代企业教育，2010，5（12）：100-101．

［428］张秀芹．浅谈高校人事档案管理［J］．沧桑，2010，4（4）：181-182．

［429］陈发益．高校人事档案管理工作中存在的问题及其对策探析［J］．淮海工学院学报（社会科学版），2010，8（3）：126-127．

［430］戴青，彭邦国，杨立正．以科学发展观为指导改革创新高校人事档案管理工作［J］．人力资源管理，2010，6（3）：9+11．

［431］吕春影．高校人事档案管理之我见［J］．黑龙江科技信息，2010，4（3）：250+265．

［432］王艳婕，王艳辉．高校人事档案管理模式改革的思考［J］．吉林化工学院学报，2009，26（6）：107-110．

［433］冯国峰．浅析高校人事档案管理［J］．科技信息，2009，8（32）：180．

［434］王洪江．高校人事档案管理系统的建设与思考［J］．中国成人教育，2009，5（20）：33-34．

［435］王馨苑．浅谈加强高校人事档案管理［J］．吉林省经济管理干部学院学报，2009，23（5）：82-84．

［436］陈小红．高校人事档案管理的规范化探究［J］．重庆三峡学院学报，2009，25（5）：158-160．

［437］李晓彦．试论高校人事档案管理水平的提升［J］．河南教育（高校版），2009，2（9）：29-30．

[438] 张丽娜．全面加强高校人事档案管理工作的几点建议 [J]．改革与开放，2009，1（8）：128．

[439] 缪小玲．由重新建档看高校人事档案管理 [J]．浙江万里学院学报，2009，22（4）：104-106．

[440] 孙序．高校人事档案管理工作探究 [J]．经济研究导刊，2009，5（20）：216-217．

[441] 王馨苑．高校人事档案管理工作存在的问题及对策 [J]．网络财富，2009，6（11）：52-53．

[442] 缪小玲．改制型高校人事档案管理存在的问题及对策 [J]．包装世界，2009，4（3）：38-39．

[443] 赵显波．高校人事档案管理现代化之我见 [J]．中小企业管理与科技（下旬刊），2009，1（5）：47-48．

[444] 杨琛．高校人事档案管理信息化初探 [J]．科技信息，2009，9（10）：679．

[445] 王静．聘用制下的高校人事档案管理的发展 [J]．中国校外教育（理论），2008，4（12）：43．

[446] 赵凤香．高校人事档案管理中存在的问题及对策 [J]．云南档案，2008，7（11）：46-47．

[447] 吕慧．优化模式：高校人事档案管理创新 [J]．云南档案，2008，8（11）：43-44．

[448] 谭华．谈高校人事档案管理的现状与建议 [J]．河南工业大学学报（社会科学版），2008，6（3）：135-136+139．

[449] 潘志伟．高校人事档案管理现状分析及几点建议 [J]．吉林省教育学院学报（学科版），2008，24（9）：7．

[450] 汪水英．浅谈高校人事档案管理模式的选择 [J]．云南档案，2008，12（9）：33-34．

[451] 赵冬梅．高校人事档案管理存在的问题与对策初探 [J]．科技创新导报，2008，22（21）：225+227．

[452] 劳力．高校人事档案管理引入条形码技术初探 [J]．北京科技大学学报（社会科学版），2008，5（2）：26-28+76．

[453] 李翠萍．浅析高校人事档案管理人员职业倦怠 [J]．才智，2008，4（10）：265-266．

[454] 张秀芹．浅谈新时期高校人事档案管理的改革与探讨 [J]．中国科教创新导刊，2008，9（13）：222．

［455］杨琼．关于加强高校人事档案管理的思考［J］．思茅师范高等专科学校学报，2008，13（2）：138-140.

［456］徐斌．加强高校人事档案管理的思考［J］．兰台世界，2008，25（6）：38-39.

［457］邵海燕．加强高校人事档案管理服务人事体制改革［J］．沙洲职业工学院学报，2008，37（1）：62-64.

［458］浦文红．高校人事档案管理工作［J］．理论界，2008，25（3）：243-244.

［459］田梦．关于高校人事档案管理工作的思考［J］．科技信息（科学教研），2008，8（6）：294.

［460］姬广萍，王胜洪．高校人事档案管理的问题及对策［J］．佳木斯大学社会科学学报，2008，33（1）：179-180.

［461］张玉娟，马彦格，王红霞，韩淑华．论高校人事档案管理亟待解决的问题及对策［J］．成功（教育），2008，4（1）：231.

［462］于彩凤．浅析高校人事档案管理工作［J］．云南档案，2007，4（11）：41.

［463］郭红．高校人事档案管理工作存在的问题及对策［J］．内江科技，2007，1（9）：6+11.

［464］韩淑华，王建猛，刘丽梅，岳丽君．高校人事档案管理存在的问题与对策［J］．河北科技师范学院学报（社会科学版），2007，7（3）：12-16.

［465］李长江．高校人事档案管理中的问题及对策［J］．晋中学院学报，2007，4（4）：36-39.

［466］邓大平．科学化与信息化——高校人事档案管理的新取向［J］．现代经济（现代物业下半月刊），2007，6（2）：108-110.

［467］鲍春艳．关于新时期高校人事档案管理的思考［J］．中国科技信息，2007，6（11）：168-169.

［468］回顺利，戚美彬．高校人事档案管理模式的设想［J］．科技信息（科学教研），2007，4（16）：202.

［469］侯嫦娥．高校人事档案管理工作之我见［J］．吕梁高等专科学校学报，2007，10（2）：79-80.

［470］张文亮．浅谈高校人事档案管理的现状及对策［J］．岳阳职业技术学院学报，2007，6（3）：27-29.

［471］韩丽华．关于加强高校人事档案管理的思考［J］．北方经济，2007，11（10）：117-118.

[472] 吴建美. 高校人事档案管理浅议 [J]. 江苏广播电视大学学报，2006，3（6）：90-91.

[473] 徐英. 高校人事档案管理探析 [J]. 青海社会科学，2006，2（6）：150-153+109.

[474] 方茜. 浅谈信息时代高校人事档案管理改革 [J]. 扬州大学税务学院学报，2006，4（3）：79-80.

[475] 陈美琼. 新时期高校人事档案管理的几点思考 [J]. 福建师大福清分校学报，2006，6（3）：71-73.

[476] 廖述香. 浅论高校人事档案管理现代化 [J]. 兰台世界，2006，15（11）：20-21.

[477] 倪新刚，赵启华，张静. 关于高校人事档案管理的探讨 [J]. 兰台世界，2006，32（11）：31-32.

[478] 赵金卓. 谈高校人事档案管理的创新 [J]. 长江大学学报（社会科学版），2006，11（2）：259-260.

[479] 汪水英，张梅. 谈高校人事档案管理的几个问题及对策 [J]. 景德镇高专学报，2006，5（1）：27-28+70.

[480] 杨小华，唐日梅，杨莉. 关于高校人事档案管理工作的几点认识 [J]. 沈阳建筑大学学报（社会科学版），2006，8（1）：60-62.

[481] 陈玉玲. 高校人事档案管理模式的改革探讨 [J]. 科技信息（学术版），2006，3（1）：106-107.

[482] 谭丽珍. 高校人事档案管理工作现状与创新发展 [J]. 怀化学院学报（社会科学），2005，4（6）：137-139.

[483] 张干荣. 高校人事档案管理中的法规完善 [J]. 政法学刊，2005，1（6）：119-120.

[484] 段改萍，陈正路. 高校人事档案管理改革的思考 [J]. 太原理工大学学报（社会科学版），2005，（3）：88-90.

[485] 孙敏. 论高校人事档案管理工作的创新思路 [J]. 湖北教育学院学报，2005，1（4）：111-112.

[486] 罗迎芬. 高校人事档案管理存在的问题与对策 [J]. 湖南农业大学学报（社会科学版），2005，8（3）：88-89.

[487] 吴建议. 关于高校人事档案管理的思考 [J]. 新疆石油教育学院学报，2005，9（2）：38-40.

[488] 丁任妹. 高校人事档案管理改革初探 [J]. 西南交通大学学报（社会科学版），2004，6（4）：114-117.

［489］刘英．高校人事档案管理存在的问题及对策思考［J］．济宁师范专科学校学报，2004，2（3）：91-92.

［490］周冬梅．高校人事档案管理刍议［J］．江西社会科学，2003，1（11）：239-240.

［491］张宛玉．高校人事档案管理存在的问题及对策［J］．南阳师范学院学报（社会科学版），2003，2（10）：115-116.

［492］吕虹．高校人事档案管理的现状及对策［J］．扬州大学税务学院学报，2003，2（3）：61-62.

［493］王陕菊．新形势下高校人事档案管理改革的探索［J］．三门峡职业技术学院学报，2003，1（1）：59-60.

［494］陈国英．高校人事档案管理中存在的问题与对策［J］．绍兴文理学院学报（教育教学版），2002，2（12）：12-13.

［495］宋新玲．论新形势下高校人事档案管理［J］．石河子大学学报（哲学社会科学版），2002，4（2）：82-84.

［496］王亚冬．高校人事档案管理的现状与对策［J］．内蒙古师范大学学报（教育科学版），2001，2（3）：100-101+121.

［497］侯丽丽．高校人事档案管理改革探讨［J］．泉州师专学报，2000，9（3）：87-88.

［498］张保哲．关于加强高校人事档案管理的思考［J］．档案天地，2000，7（3）：14.

［499］左玉清．高校人事档案管理问题剖析［J］．山西档案，1996，7（3）：30-31.

［500］奚青梅．高校人事档案管理改革浅见［J］．平顶山师专学报，1994，（3）：50-52.

［501］包太敏．人才服务站对高校毕业生人事档案的信息化管理［J］．赤子（上中旬），2017，（1）：160.

［502］张端．论高校人事档案管理面临的新问题与改革路径［J］．科学中国人，2016，6（36）：101.

［503］沈冰洲．浅议高校人事档案的开发和利用［J］．常州信息职业技术学院学报，2016，15（6）：79-80+84.

［504］张端．略论高校人事档案管理的创新意识及其策略［J］．科学中国人，2016，21（35）：79.

［505］曹卓瑜．信息化管理在高校人事档案管理中的运用［J］．山西档案，2016，27（6）：72-74.

［506］安莹莹．地方高校人事档案"以件代卷"可行性浅析［J］．价值工程，2016，35（31）：56-57．

［507］陈曦．高校人事档案信息化［J］．办公室业务，2016，10（21）：62．

［508］史桂湘．论高校人事档案信息化管理的创新策略［J］．办公室业务，2016，1（20）：86+90．

［509］石丽君．高校人事档案管理信息化建设研究［J］．兰台世界，2016，23（2）：164．

［510］董莉清．高校人事档案存在的问题及解决方案——以天津工业大学为例［J］．兰台世界，2016，14（20）：36-38．

［511］高玲玲．高校人事档案数字化建设的思考［J］．城建档案，2016，4（9）：24-25．

［512］高霞．高校人事档案管理面临的新问题与改革路径探索［J］．企业导报，2016，4（18）：34．

［513］董莉清．高校干部人事档案"三龄两历一身份"存在的问题及认定［J］．兰台世界，2016，1（18）：40-42．

［514］安莹莹．地方高校人事档案纳入综合档案管理问题浅析［J］．档案管理，2016，8（5）：78-79．

［515］邹艳辉．高校人事档案信息化管理分析［J］．读与写（教育教学刊），2016，13（9）：70．

［516］李晓晔．人事制度改革下的高校人事档案管理研究［J］．人力资源管理，2016，（9）：193-194．

［517］范烨．档案专项审核对高校干部人事档案工作的启示［J］．兰台世界，2016，8（17）：61-62．

［518］李香峰．基于信息时代高校人事档案管理的探究［J］．长江丛刊，2016，7（23）：214．

［519］陈宇萍．网络环境下高校人事档案管理的挑战及应对策略［J］．兰台世界，2016，15（15）：40-42．

［520］陈桂香．高校干部人事档案管理存在的问题及对策［J］．办公室业务，2016，45（15）：86-87．

［521］尹艳华．大数据时代高校人事档案管理面临的挑战及对策研究［J］．才智，2016，55（21）：88+90．

［522］沈冰洲．高校人事档案管理工作存在的问题及对策［J］．城建档案，2016，4（7）：62-63．

［523］李丽环，张鸿芸．高校人事档案查借阅制度调研分析［J］．办公室业务，2016，4（14）：147-148.

［524］张雪花．高校人事档案管理面临的新问题与改革途径［J］．湖北成人教育学院学报，2016，22（4）：78-80.

［525］安莹莹．新形势下地方高校人事档案改革浅析［J］．档案管理，2016，5（4）：56-57.

［526］刘勇．高校人事档案管理信息化探究［J］．人力资源管理，2016，12（7）：315-317.

［527］刘岁梅．论高校人事档案管理面临的新问题与改革路径［J］．才智，2016，41（19）：68.

［528］刘妍．从人力资源管理角度对高校人事档案管理的思考［J］．知识经济，2016，1（13）：167.

［529］姚路明．当前高校人事档案管理存在问题及应对策略［J］．科技展望，2016，26（18）：246-247.

［530］李妍．高校人事档案管理的价值、问题与改进［J］．才智，2016，41（18）：158.

［531］刘晖．信息化视角下高校人事档案管理的思考［J］．城建档案，2016，33（6）：61-62.

［532］邓丽欢．如何做好高校人事档案接待查阅工作［J］．城建档案，2016，4（6）：38-39.

［533］薛强．大数据时代下的高校人事档案管理中的挑战及应对途径分析［J］．陕西档案，2016，1（3）：26-27.

［534］包苗苗．高校人事档案管理中的问题与对策分析［J］．人才资源开发，2016，4（12）：169-170.

［535］王阳，杨阳，龚理．浅谈高校干部人事档案中存在的问题与认定方法［J］．承德医学院学报，2016，33（3）：269-270.

［536］刘海燕．大数据时代高校人事档案管理面临的挑战与应对策略［J］．散文百家（新语文活页），2016，25（6）：185.

［537］陈庆杰．民办高校人事档案管理主要问题及创新措施分析［J］．读天下，2016，4（9）：227.

［538］沈冰洲．高校知识型员工人事档案管理改革若干问题的思考［J］．内蒙古科技与经济，2016，1（8）：124+127.

［539］王文瑜．浅析高校人事档案管理的创新路径［J］．农村经济与科技，2016，27（8）：253.

［540］王伟．构建新常态下高校干部人事档案的管理机制［J］．科教文汇（下旬刊），2016，8（4）：115-116.

［541］王雪，陈大胜．新形势下高校人事档案的信用功能构建初探［J］．镇江高专学报，2016，29（2）：39-41.

［542］周璟宇．全面从严治党视域下高校干部人事档案审核机制研究——从干部人事档案专项审核角度出发［J］．科技展望，2016，26（10）：253.

［543］张霞．大数据背景下高校人事档案管理面临的挑战及应对策略探讨［J］．办公室业务，2016，12（6）：165-166.

［544］贾艳云．数字化背景下高校人事档案管理探究［J］．办公室业务，2016，2（6）：167.

［545］付煜．基于信息化视野下的高校人事档案管理浅议［J］．城建档案，2016，1（2）：62-63.

［546］丁玲．信息化环境中的高校人事档案管理研究［J］．现代国企研究，2016，7（4）：154.

［547］梁方芳．关于加强民办高校人事档案管理工作的思考［J］．知识文库，2016，1（4）：31.

［548］高阳．高校人事档案管理模式研究［J］．兰台世界，2016，3（4）：41-42.

［549］宋丹．探讨人事制度改革下的高校人事档案管理［J］．人力资源管理，2016，5（2）：167-168.

［550］许红婷．浅谈信息时代背景下我国高校人事档案管理研究［J］．湖北函授大学学报，2016，29（2）：28-29.

［551］沈冰洲．浅析高校人事档案信息化建设［J］．现代国企研究，2016，12（2）：156.

［552］刘海燕．人事制度改革背景下的高校人事档案管理思考［J］．人力资源管理，2016，3（1）：176-177.

［553］屈俊华．关于创新高校人事档案管理制度与模式的探索［J］．时代教育，2016，5（1）：116.

［554］李霞．基于信息化背景的高校人事档案管理创新分析［J］．办公室业务，2016，4（1）：157.

［555］王芗馨，王玲．高校毕业生人事档案就业服务功能探究［J］．办公室业务，2015，5（24）：82.

［556］朱琦．高校人事档案借阅服务向信息化服务转变的思考［J］．产业与科技论坛，2015，14（23）：225+228.

［557］邢玉莉．新常态下加强高校干部人事档案工作的几点思考［J］．中国管理信息化，2015，18（24）：200-201．

［558］席美珍．对高校人事档案管理工作的探讨［J］．黑龙江档案，2015，12（6）：46．

［559］姚红，陈岚．对高校干部人事档案工作的几点思考［J］．山西档案，2015，30（6）：91-93．

［560］刘妍，张予洁．浅谈高校人事档案管理的优势与劣势［J］．鸭绿江（下半月版），2015，2（11）：229．

［561］高谭．以科学发展观为指导改革创新高校人事档案管理工作［J］．赤子（上中旬），2015，12（21）：232-233．

［562］张丽娜．地方高校人事档案信息化建设存在的问题及对策研究［J］．黄冈师范学院学报，2015，35（5）：122-124．

［563］王博．高校人事档案管理工作的实践意义与创新策略初探［J］．现代交际，2015，14（10）：113+112．

［564］黄安．论科学发展观指导下高校人事档案管理的创新［J］．黑龙江档案，2015，25（5）：71．

［565］王一凡．论高校人事档案信息管理化［J］．经济师，2015，60（10）：213-214．

［566］高霞．高校人事档案管理面临的新问题与改革路径［J］．办公室业务，2015，26（19）：92．

［567］王珺．数字化背景下高校人事档案管理探讨［J］．才智，2015，22（27）：171．

［568］卢青．高校人事档案管理模式创新研究［J］．办公室业务，2015，1（18）：85-86．

［569］吴昕．高校人事档案收集工作存在问题及对策［J］．经贸实践，2015，2（9）：198．

［570］王珺．浅谈对加强高校干部人事档案管理工作的思考［J］．科教文汇（中旬刊），2015，4（9）：132-133．

［571］胡颖．高校人事档案管理的历史沿革及发展研究［J］．北京教育（高教），2015，5（9）：36-39．

［572］胡义秀．高校人事档案管理的探析［J］．青春岁月，2015，4（17）：138．

［573］王馨苑．浅谈高校人事档案管理员工队伍水平的提升［J］．才智，2015，5（24）：224．

［574］刘海燕．信息时代高校人事档案管理研究［J］．城建档案，2015，2（8）：69-70．

［575］朱琦．高校人事档案信息化管理建设［J］．科技传播，2015，7（16）：76+75．

［576］韩春红．高校干部人事档案管理研究［J］．中国管理信息化，2015，18（16）：205．

［577］连清平．高校人事档案管理数字化建设要点浅析［J］．办公室业务，2015，7（15）：102-103．

［578］马晓珊．人事制度改革下的高校人事档案管理与高校人力资源管理的思考［J］．读与写（教育教学刊），2015，12（7）：60．

［579］段新宇．高校人事档案管理的创新意识及策略研究［J］．散文百家（新语文活页），2015，6（7）：145+158．

［580］邢旭亮，封頔．高校人事档案管理的问题及对策［J］．北方经贸，2015，8（7）：290+292．

［581］庞碧霞．高校人事档案接收与管理的几个重要环节［J］．办公室业务，2015，8（13）：98．

［582］郭娅静．信息时代高校人事档案管理探析［J］．城建档案，2015，7（6）：79-80．

［583］贺蕊，屈晓渊．基于．NET技术的高校人事档案管理系统的设计与实现［J］．电脑知识与技术，2015，11（18）：59-60．

［584］潘娟．高校人事档案管理面临的新问题与改革路径［J］．人才资源开发，2015，3（12）：164．

［585］李红菊．高校人事档案整理中具体问题的思考［J］．统计与管理，2015，25（6）：144-145．

［586］陈媛华．大数据时代高校人事档案管理面临的挑战与应对策略［J］．人力资源管理，2015，10（6）：346-347．

［587］张立志．高校人事档案管理存在的问题及改进措施［J］．科技视界，2015，20（16）：148-149．

［588］索聪．谈高校教师聘用制对人事档案管理的影响［J］．黑龙江史志，2015，12（10）：63．

［589］索聪．现代高校人事档案管理面临新问题［J］．科技视界，2015，14（14）：203．

［590］侯光兰．基于信息化视野下高校人事档案管理对策分析［J］．林区教学，2015，16（5）：118-119．

［591］肖玉，李文波，高燕琼．积极推进新形势下高校人事档案信息化建设［J］．兰台世界，2015，26（14）：33-34.

［592］陈媛华．高校人事档案管理信息化建设的价值、困境及其对策［J］．人力资源管理，2015，1（5）：269-270.

［593］胡瑞华，郝丹梅．高等教育综合改革背景下的高校人事档案管理改革探索［J］．黑龙江史志，2015，4（9）：135.

［594］杨富霞．高校人事档案管理工作的特点与作用探讨［J］．黑龙江史志，2015，15（9）：167-168.

［595］姜保红．聘用制下高校人事档案管理存在的主要问题及对策［J］．学园，2015，4（13）：33-34.

［596］李静．高校人事档案管理存在的问题与对策［J］．江苏经贸职业技术学院学报，2015，26（2）：40-41+44.

［597］吴珍．充分发挥高校人事档案服务功能之我见［J］．办公室业务，2015，1（8）：85-86.

［598］侯光兰．信息化建设对高校人事档案发展趋势的影响研究［J］．人才资源开发，2015，9（8）：216-217.

［599］綦蓁．浅析高校人事档案管理的问题与对策［J］．黄冈师范学院学报，2015，35（2）：122-124.

［600］丁灵濛．高校人事档案管理信息化建设探讨［J］．华北水利水电大学学报（社会科学版），2015，31（2）：155-156+160.

［601］朱莎．信息化背景下高校人事档案管理策略［J］．黑龙江档案，2015，6（2）：54.

［602］卢青．高校人事档案管理中的学历学位认定及对待遇的影响［J］．黑龙江史志，2015，1（7）：89.

［603］赵梅竹．浅谈高校毕业生人事档案管理问题与对策［J］．东方企业文化，2015，4（7）：130.

［604］于凤仙．高校人事档案管理存在的问题［J］．合作经济与科技，2015，3（6）：136-137.

［605］曹健慧，张玉娟，胡春明，李占坡，赵敏华．"吃空饷"治理背景下高校人事档案管理对策研究［J］．河北科技师范学院学报（社会科学版），2015，14（1）：120-123.

［606］黄安．高校人事档案信息的开发利用［J］．人力资源管理，2015，13（3）：193-194.

［607］陈群．高校人事档案管理工作的创生与优化［J］．开封教育学院学

报，2015，35（2）：232-233．

　　[608] 林苑纯．大数据时代高校人事档案管理信息化研究 [J] ．中共银川市委党校学报，2015，17（1）：94-96．

　　[609] 李兵．高校人事档案管理信息化建设问题的探讨 [J] ．中小企业管理与科技（下旬刊），2015，58（1）：54-55．

　　[610] 刘静．高校毕业生人事档案管理探析 [J] ．合作经济与科技，2015，8（2）：129-130．

　　[611] 周海燕，崔立影．高校人事档案服务人力资源管理功能研究 [J] ．黑龙江史志，2015，9（1）：282．

　　[612] 程培英．高校人事档案的归属问题探析 [J] ．办公室业务，2015，6（1）：85-86．

　　[613] 谭春霞．全面加强高校人事档案管理工作的几点建议 [J] ．鸭绿江（下半月版），2014，4（12）：306．

　　[614] 王馨苑．加快高校人事档案管理信息化建设的思考 [J] ．科技视界，2014，2（36）：141．

　　[615] 罗芳，张玉华．高校人事档案管理存在的问题及对策 [J] ．时代文学（下半月），2014，2（12）：144-145．

　　[616] 王馨苑．聘任制下高校人事档案管理工作中存在的问题及应对措施 [J] ．科技视界，2014，4（35）：236．

第四章 高校教学档案与管理

高校教学档案与管理文献的编纂成果如下：

［1］路玲玲．大数据视阈下高校教学档案信息化建设探究［J］．中国现代教育装备，2022，4（5）：30-32．

［2］沈镱武．高校教学档案的有效管理探析［J］．现代商贸工业，2022，43（2）：54-55．

［3］刘颖．教学档案在高校教学管理中的价值体现［J］．黑龙江档案，2021，4（6）：88-89．

［4］席岩．基于"三全育人"目标下高校课程思政教学档案管理分析［J］．兰台内外，2021，1（35）：25-27．

［5］霍倩倩．高校教学档案的收集与开发利用［J］．办公室业务，2021，4（23）：128-130．

［6］杨婷．高校教学档案管理工作的创新思路［J］．内蒙古财经大学学报，2021，19（6）：144-146．

［7］张青，尚世宇．教学质量评估与高校教学档案整合管理策略［J］．办公室业务，2021，5（21）：58-60．

［8］封冲．高校教学档案管理问题与机制探究［J］．办公室业务，2021，7（21）：125-126．

［9］陈晓媛．信息化背景下高校教学档案工作新探［J］．黑龙江档案，2021，8（5）：46-47．

［10］王甦．"互联网+"环境下高校教学档案数字化建设研究［J］．黑龙江档案，2021，7（5）：144-145．

［11］刘焕霞，范桂红，白蕾蕾，温浩，蒙冲．高校教学档案互动式数字化管理现状与发展策略［J］．黑龙江档案，2021，14（5）：226-227．

［12］于怀明．地方高校教学档案督导现状及对策［J］．黑龙江档案，2021，2（5）：267-268．

［13］董佳慧，王洋．基于"互联网+"的高校教学档案管理研究［J］．信息与电脑（理论版），2021，33（18）：218-220．

［14］刘颖．高校教学档案管理的创新模式思考［J］．黑龙江档案，

2021，5（4）：228-229.

[15] 刘焕霞，范桂红，白蕾蕾，温浩，蒙冲. 高校教学档案互动式数字化管理现状与发展策略 [J]. 黑龙江档案，2021，10（4）：288-289.

[16] 尹月. 大数据背景下高校教学档案信息化建设现状及对策研究 [J]. 城建档案，2021，13（8）：22-23.

[17] 王来东. 对高校二级学院教学档案管理的思考 [J]. 办公室业务，2021，14（14）：144-145.

[18] 邓繁荣. 逻辑主义与历史主义视野下高校教学档案管理运行机制研究 [J]. 大众文艺，2021，4（14）：221-222.

[19] 何宗文. 高校美术类院系教学档案管理问题与对策探析 [J]. 文化产业，2021，9（17）：91-92.

[20] 李薇，孙康燕. 高校教学档案管理难点及规范化管理策略 [J]. 办公室业务，2021，2（8）：151-152.

[21] 李密，郑玲. 信息化环境下高校教学档案管理探析 [J]. 黑龙江档案，2021，4（2）：84-85.

[22] 黄迅辰. 信息化视角下高校教学档案管理方式转变探究 [J]. 办公室业务，2021，1（7）：132-133.

[23] 张婷，范秀琴. 新时期高校教学档案管理的优化路径 [J]. 现代交际，2021，7（6）：207-208.

[24] 李靖. 西藏高校教学档案利用工作优化路径探析——以西藏民族大学为例 [J]. 西藏教育，2021，4（3）：56-60.

[25] 倪莉. 高校教学档案管理工作的思考 [J]. 今日财富（中国知识产权），2021，8（3）：82-83.

[26] 彭芳坪，李蓉，涂开艳. 高校二级学院教学档案信息化管理探究 [J]. 中国现代教育装备，2021，7（1）：4-6.

[27] 朱俊义. 高校附属医院临床教学档案同质化管理探析 [J]. 山东档案，2020，6（6）：65-67.

[28] 陈文玲. 高校继续教育教学档案和培训档案管理存在的问题及数字化建设的思考 [J]. 办公室业务，2020，5（21）：144-145.

[29] 李冬梅. "互联网+"环境下高校教学档案数字化管理研究 [J]. 兰台内外，2020，5（30）：29-30.

[30] 杨红. 高校教学档案中学籍管理工作存在问题及解决策略 [J]. 国际公关，2020，5（11）：287-288.

［31］谢真珍．浅谈高校教学档案的数字化管理［J］．中国管理信息化，2020，23（20）：195-196．

［32］张建明．高校教学档案的价值挖掘［J］．办公室业务，2020，1（19）：126-127．

［33］牛妍懿，郭久智，温明明．大数据背景下高校教学档案管理问题及策略［J］．办公室业务，2020，7（19）：132-133．

［34］王红梅，王新立，赵学武，刘永．高校毕业论文指导全过程教学档案管理和服务利用探讨［J］．档案管理，2020，8（5）：66+68．

［35］周银珠．浅谈高校二级学院教学档案的管理与开发利用［J］．教育教学论坛，2020，7（37）：21-22．

［36］李莉，张扬欧娅．高校教学档案管理的现状与优化［J］．学园，2020，13（25）：76-77．

［37］张建明．高校教学档案利用的机遇与挑战［J］．云南档案，2020，6（7）：56-58．

［38］孙微．高校教学档案规范化管理策略研究［J］．档案管理，2020，4（4）：122-123．

［39］倪佳．新时期高校教学档案的信息化管理方案分析［J］．科技资讯，2020，18（20）：49-50+53．

［40］鄢明芳．高校二级学院教学档案管理水平提升的思考［J］．兰台内外，2020，5（19）：34-36．

［41］袁峰．民办高校二级学院规范建设本科教学档案的策略［J］．科技风，2020，4（17）：250．

［42］杨淑静，杨超，刘玉魏，丛海林．新工科背景下高校专业课教学模式改革及教学档案研究——以青岛大学聚合物加工工艺课程为例［J］．山东高等教育，2020，8（3）：59-65．

［43］王华，赵俊芳，王方田，马文顶．大数据背景下高校实验教学档案管理探讨［J］．煤炭高等教育，2020，38（3）：64-67．

［44］曾晓萍．新时代高校教学档案资源整合及服务研究［J］．青年与社会，2020，8（15）：173-174．

［45］于怀明．基于云存储的地方高校教学档案信息化思考［J］．城建档案，2020，7（4）：27-28．

［46］孙璐．高校系部研究性教学档案的建设和利用探索——基于扬州大学行政管理专业的实践研究［J］．现代商贸工业，2020，41（10）：52-53．

［47］孙璐．高校系部研究性教学档案建设利用中的不足及对策——基于扬

州大学行政管理专业的实践研究［J］．文教资料，2020，7（8）：194-195.

［48］蔡小簪．高校教学档案信息安全管理策略［J］．科教文汇（上旬刊），2020，4（2）：25-26.

［49］张晓妍．关于高校教学档案信息自动化管理的探讨［J］．文化产业，2020，5（3）：146-147.

［50］杨扬，汪雪玲．地方高校二级学院教学档案管理现状与创新模式研究［J］．南方农机，2020，51（2）：93-94.

［51］侯瑞，王金龙．教学档案目标管理视角下高校本科生导师制机制研究［J］．科教文汇（中旬刊），2019，4（12）：9-10.

［52］李爱华．高校教学档案信息资源开发利用的障碍与措施［J］．黑龙江档案，2019，4（6）：39.

［53］龙春芳．互联网时代背景下高校教学档案信息化管理策略［J］．佳木斯职业学院学报，2019，5（11）：92-93.

［54］马国胜，李高峰．高校教学档案数据库著录质量控制措施研究［J］．兰台世界，2019，25（11）：51-53.

［55］陈晓敏．高校教学档案编码探析［J］．兰台内外，2019，8（31）：79-80.

［56］王娟．高校教学档案的剔除机理［J］．档案时空，2019，7（10）：18-19.

［57］徐晓文．高校二级学院教学档案管理工作创新［J］．西部素质教育，2019，5（19）：106.

［58］杨军．高校教学档案规范化管理存在的问题及对策［J］．山西科技，2019，34（5）：75-77+80.

［59］温丽芳．高校教学档案标准化研究［J］．中外企业家，2019，6（26）：115.

［60］金丹，孙靖靖．高校教学档案信息化与教学服务研究［J］．未来与发展，2019，43（9）：79-81.

［61］战英．基于一流大学文化视域下高校教学档案的文化属性及其功能探究［J］．高教学刊，2019，4（17）：185-187.

［62］范杰．高校教学评估视角下教学档案管理论述［J］．档案时空，2019，8（8）：40-41.

［63］西仁娜依·玉素辅江．高校教学档案管理存在的问题及解决措施［J］．档案时空，2019，12（8）：42-43.

［64］金晓鹏．新时期高校教学档案的价值与利用［J］．档案时空，2019，1（8）：44-45．

［65］梁艳．新形势下高校继续教育教学档案优化管理策略研究［J］．兰台内外，2019，2（23）：26-27．

［66］邓琦．高校教学档案的收集与整理［J］．办公室业务，2019，8（14）：154．

［67］李敏，沈香韫，丁金光．信息化背景下高校教学档案管理及开发利用［J］．教育理论与实践，2019，39（21）：44-46．

［68］胡伟，李洪均．高校教学档案的数字化改革探索［J］．中国教育技术装备，2019，24（2）：38-40．

［69］王爽．教学档案在高校教育教学中的应用探析［J］．档案时空，2019，22（6）：36-37．

［70］郎文香，崔然．高校教学档案信息化建设与教学资源共享的互促作用研究［J］．兰台内外，2019，25（17）：9-10．

［71］王欣．从教学档案管理视角看高校教学质量评价体系的构建［J］．兰台内外，2019，15（17）：61-62．

［72］张华姝．高校本科教学审核评估中院系教学档案的管理［J］．科学大众（科学教育），2019，6（5）：131．

［73］肖亚春．新时代下高校教学档案管理的创新发展［J］．兰台内外，2019，5（14）：29-30．

［74］侯明．高校教学档案管理模式的创新［J］．文教资料，2019，14（14）：187-188．

［75］张佳，刘军，倪佳．新时期高校教学档案的归档创新分析［J］．知识文库，2019，30（8）：174-175．

［76］范杰．大数据时代高校教学档案信息化建设探究［J］．档案天地，2019，8（4）：50-51．

［77］莫文珍．办公自动化语境下高校教学档案的管理［J］．信息记录材料，2019，20（4）：168-169．

［78］陈春柳．新时期高校教学档案数字化管理研究［J］．中外企业家，2019，5（8）：122．

［79］刘玉梅．关于高校二级学院教学档案管理建设探讨［J］．青年与社会，2019，6（8）：81．

［80］成慧．高校教学档案管理的创新模式思考［J］．祖国，2019，4（5）：108+65．

［81］胡春燕．高校教学档案利用方式演变［J］．兰台世界，2019，7
（3）：95-98.

［82］吴炜．高校教学档案资源体系和利用体系建设的思考［J］．办公室
业务，2019，5（5）：27-28.

［83］王燕凤．新时期高校教学档案利用的思考［J］．兰台内外，2019，4
（6）：51-52.

［84］黄东喜．浅谈高校二级学院教学档案管理的问题及对策——居于教学
秘书视角［J］．南国博览，2019，3（2）：109+111.

［85］郭蓉．探究高校教学档案管理在本科教学评估中的应用［J］．辽宁
科技学院学报，2019，21（1）：59-61.

［86］王爽．高校教学档案管理存在的问题及对策［J］．兰台内外，
2019，8（4）：25-26.

［87］王志鹏．高校教学档案标准化研究［J］．兰台内外，2019，5
（3）：46.

［88］范杰．新时期高校教学档案数字化管理研究［J］．兰台内外，
2019，7（3）：34-35.

［89］王爽．加强高校教学档案管理的策略探析［J］．兰台内外，2019，
12（2）：75-76.

［90］金晓鹏．浅析高校教学档案规范化管理中存在的问题及对策［J］.
档案，2018，11（11）：57-59.

［91］卓小柳．浅谈高校教学档案的收集与信息资源的开发利用［J］．兰
台内外，2018，2（9）：77-78.

［92］张静茹．论高校教学档案信息化管理［J］．办公室业务，2018，2
（21）：63.

［93］徐春晓．高校二级学院教育教学档案管理模式分析与探索［J］．文
化创新比较研究，2018，2（31）：91-92.

［94］黄凡珏．依托"物联网+"建设高校教学档案智能库［J］．兰台内
外，2018，8（7）：53-54.

［95］李江峰．基于流程化管理的高校教学档案工作创新与实践［J］．兰
台世界，2018，7（10）：65-67.

［96］王欣．高校二级学院教学档案管理与开发利用探析［J］．办公室业
务，2018，8（19）：118.

［97］苏文英．试论高校教学档案管理创新策略［J］．长江丛刊，2018，1
（26）：236-237.

［98］连伊娜，文佑云．数字化时代高校教学档案信息化建设的策略研究［J］．发明与创新（大科技），2018，1（9）：33-35.

［99］王玉新．大数据背景下的高校教学档案信息化建设［J］．兰台内外，2018，8（4）：57-58.

［100］张云萍．"互联网+"背景下高校教学档案管理系统的构建［J］．现代职业教育，2018，9（23）：7.

［101］尹黎莉．"蓝墨云"微媒体在高校二级学院教学档案管理的信息应用［J］．资源信息与工程，2018，33（4）：196-197+200.

［102］左永艳．强化高校教学档案建设与管理的思考［J］．产业与科技论坛，2018，17（15）：235-236.

［103］张英．高校非遗专业教学档案建设与管理初探——以浙江广厦建设职业技术学院木雕专业为例［J］．新西部，2018，15（20）：51-52.

［104］王玉新．谢觉哉档案思想对高校教学档案工作的启示［J］．档案时空，2018，（7）：36-37.

［105］周建琼，熊岸枫．高校预科教学档案管理的精细化过程与便捷化途径的技术层级探析［J］．企业科技与发展，2018，4（7）：162-164.

［106］李亚男，程红，武晓华．高校教学档案管理工作探究［J］．科教文汇（下旬刊），2018，13（6）：142-143.

［107］金晓鹏．目标管理法在高校教学档案管理中的应用［J］．兰台内外，2018，52（3）：51-52.

［108］张善勇．高校教学档案管理存在的问题及改进措施分析［J］．办公室业务，2018，22（12）：156.

［109］许行珺．谈高校教学档案的利用［J］．陕西档案，2018，4（3）：48-49.

［110］符宁璐，杜灿谊，吴劲．高校本科教学审核评估背景下教学档案管理方法研究——以广东技术师范学院汽车与交通工程学院为例［J］．智库时代，2018，5（24）：52-53.

［111］熊英．增强高校教学档案管理促进教学质量提升［J］．长江丛刊，2018，6（18）：277.

［112］吴娜，束秋红．高校教学档案内涵建设初探［J］．办公室业务，2018，4（10）：143.

［113］刘显芳，孙雪峰，罗佳伟，牛霖霖．民办高校教学档案管理创新模式分析［J］．文存阅刊，2018，12（10）：181.

［114］严继莹，方文彬．加强高校教学档案管理的策略探析［J］．浙江档

案，2018，6（4）：64-65.

[115] 黄凡珏. 当前高校教学档案信息化建设的问题与对策 [J]. 兰台内外，2018，4（2）：58-59.

[116] 王鹏. 高校教学档案管理信息化建设刍议 [J]. 现代经济信息，2018，2（8）：89.

[117] 陈红英. "互联网+"时代高校教学档案网络化管理研究 [J]. 内江科技，2018，39（4）：11-12.

[118] 赵旭，胡晓彤. 探析微信平台在高校教学档案信息服务中的特征与模式 [J]. 现代职业教育，2018，2（10）：185.

[119] 武玲娥. 高校院（系）教学档案信息化管理研究 [J]. 兰台世界，2018，2（4）：49-51.

[120] 徐驰，许家姝. 论高校教学档案信息化管理在本科教学评估中的重要性 [J]. 科技创新导报，2018，15（10）：193-194.

[121] 刘璐. 高校教学档案管理研究 [J]. 纳税，2018，1（5）：112-113.

[122] 殷霞. 高校教务处的教学档案建立与管理 [J]. 课程教育研究，2018，8（6）：215-216.

[123] 王杰玫. 加强高校教学档案信息化管理的思考 [J]. 明日风尚，2018，7（3）：198.

[124] 任世存. 高校青年教师教学档案建设路径探索 [J]. 兰台世界，2018，8（2）：68-70.

[125] 郭婷. 高校教学档案管理的创新模式思考探析 [J]. 高教学刊，2018，1（1）：21-23.

[126] 覃凤琴，刘立峰. 高校二级学院教学档案管理——以百色学院文学与传媒学院为例 [J]. 智库时代，2017，1（16）：94+98.

[127] 余舒萍，熊越强. 基于OpenKM的高校校院二级教学档案管理系统的设计与应用 [J]. 山西档案，2017，12（6）：78-80.

[128] 刘文球，李立伟. 浅谈高校二级学院教学档案管理的问题与对策 [J]. 教育现代化，2017，4（47）：253-254.

[129] 熊媛媛. 高校教务处教学档案的建立与管理 [J]. 佳木斯职业学院学报，2017，23（11）：480.

[130] 余琦. 浅议高校教学档案数字化管理存在的问题及对策 [J]. 办公室业务，2017，1（21）：109.

［131］石冰．高校教学档案信息化建设探讨［J］．现代农业，2017，（11）：102-103.

［132］汪媛，何东升，郭昕，甘文霞．高校本科教学审核评估中院系教学档案的管理［J］．管理观察，2017，6（30）：120-121.

［133］白海珍．高校在线课程教学档案管理对策探析［J］．内蒙古财经大学学报，2017，15（5）：150-152.

［134］杨垍鑫，原丕业．高校教学档案标准化管理研究［J］．中国标准化，2017，10（20）：67-69.

［135］凡春辉．高校教学档案管理存在的问题及改进措施探究［J］．艺术科技，2017，30（10）：316.

［136］胡维维．高校教学档案管理：问题与对策［J］．安徽农业大学学报（社会科学版），2017，26（5）：63-65.

［137］刘英姿，肖春霞．云计算环境下高校教学档案信息化管理研究［J］．统计与管理，2017，5（9）：169-170.

［138］于岩，李莉，佟丽，李少斌，岳成娥，崔金星，李智芳，王玉慧．关于高校二级学院教学档案管理的探索与思考［J］．化工时刊，2017，31（8）：43-45.

［139］赵一，金丹．信息化背景下高校教学档案工作的创新路径［J］．兰台世界，2017，4（15）：45-47.

［140］米瑞利．"互联网+"时代高校教学档案管理面临的问题和对策［J］．才智，2017，5（22）：199-200.

［141］赖福聪．教学档案在高校英语教学中的应用研究［J］．短篇小说（原创版），2017，5（23）：83-84.

［142］蒋珍．高校教学档案管理存在问题及改进措施［J］．城建档案，2017，4（7）：79-80.

［143］尹黎莉．浅析高校教学档案管理工作的创新路径［J］．改革与开放，2017，8（14）：159-160.

［144］崔立影，胡春玲．大数据背景下高校教学档案管理研究［J］．计算机产品与流通，2017，4（7）：252.

［145］尹黎莉．基于微媒体的高校教学档案开发与利用策略［J］．黑龙江档案，2017，5（3）：44.

［146］周小平，莫家莉．高校教学档案管理体制和运行机制探析［J］．兰台世界，2017，9（11）：60-62.

［147］李敬．新时期下高校教学档案管理工作的思考［J］．办公室业务，

2017，5（11）：117.

　　［148］刘芳．高校教学档案信息化建设探索［J］．产业与科技论坛，2017，16（9）：253-254.

　　［149］陆婕，周文阳，刘祥，菅文达，胡局新．基于J2EE轻量级框架的高校教学档案管理系统设计与实现［J］．科技广场，2017，6（4）：189-192.

　　［150］刘紫燕，陈静，张达敏，王旭，张微，陈宇．高校本科教学审核评估加强院系教学档案管理［J］．现代计算机（专业版），2017，4（12）：25-28.

　　［151］宋慧．新形势下高校教学档案管理信息化探析［J］．科学大众（科学教育），2017，7（4）：148.

　　［152］淡珊．高校二级学院教学档案管理的问题与对策［J］．长江丛刊，2017，6（11）：173-174.

　　［153］张林琳．从教学评估角度审视高校教学档案的管理［J］．办公室业务，2017，7（7）：123.

　　［154］陆婕，周文阳，刘祥，菅文达，胡局新．高校教学档案"云柜"管理系统数据库的设计与实现［J］．科技广场，2017，12（3）：186-189.

　　［155］付长缨．新时期高校教学档案的收集与维护工作探析［J］．城建档案，2017，11（3）：88-89.

　　［156］霍倩倩．"互联网+"时代高校教学档案管理探析［J］．人才资源开发，2017，5（6）：75-76.

　　［157］黄敏．高校教学档案管理工作探析［J］．办公室业务，2017，4（5）：107.

　　［158］李猜．新建本科高校转型发展背景下二级学院教学档案建设管理思考［J］．科教导刊（下旬），2017，（6）：9-10.

　　［159］周莹莹．高校教学档案管理服务功能探究［J］．学园，2017，6（6）：184-185.

　　［160］李一晴，王暾，徐涛，李燕．高校教学档案管理的思考和体会［J］．经济师，2017，4（2）：207-208.

　　［161］吴颜．近30年来高校教学档案管理制度演进及现状研究［J］．统计与管理，2017，4（1）：32-33.

　　［162］王爽．浅析如何加强高校教学档案的建设与管理［J］．中国管理信息化，2017，20（2）：183.

　　［163］冯睿琳．论高校二级学院教学档案管理模式的优化策略［J］．现代交际，2016，9（24）：122-123.

［164］商桂君．高校教学档案的科学管理和利用开发［J］．黑龙江科学，2016，7（23）：78-79.

［165］余巍巍，许俐俐．从教学水平评估谈高校教学档案的优化管理［J］．赤子（上中旬），2016，5（23）：71-72.

［166］白海珍．校企合作办学模式下高校教学档案建设的思考［J］．人才资源开发，2016，5（22）：132.

［167］杨杰．高校教学档案服务功能的优化与拓展［J］．兰台世界，2016，4（21）：53-55.

［168］白海珍．MOOC在线教育对高校网络教学档案管理带来的思考［J］．内蒙古财经大学学报，2016，14（5）：150-152.

［169］于建平．加强高校教学档案管理的探讨［J］．前沿，2016，7（10）：80-81+112.

［170］白海珍．高校教学档案管理存在的问题及对策［J］．科学中国人，2016，5（29）：92.

［171］刘英姿，何其鑫．地方高校思想政治课实践教学档案资源建设探析——以怀化学院为例［J］．档案时空，2016，8（10）：18-20.

［172］宋灼蓉．新时期高校特色教学档案管理［J］．作文教学研究，2016，8（5）：126-127.

［173］金烨琛．高校二级学院教学档案管理探析［J］．教育现代化，2016，3（26）：246-247.

［174］商桂君．论高校教学档案目标管理策略［J］．经贸实践，2016，4（18）：142.

［175］张仙玉，李鹏．本科教学评估视域下高校教学档案信息化管理探析［J］．佳木斯职业学院学报，2016，5（9）：488+491.

［176］雷宾宾．高校体育教学档案的信息化建设研究［J］．湖南邮电职业技术学院学报，2016，15（3）：90-91+107.

［177］喻洁．高校二级系院教学档案管理问题探析［J］．办公室业务，2016，10（17）：129.

［178］卢周．浅谈高校教学档案的管理与利用［J］．读天下，2016，14（16）：206+187.

［179］余舒萍．地方高校教学档案信息化管理的现实影响及对策分析——以桂林航天工业学院为例［J］．开封教育学院学报，2016，36（8）：217-218.

［180］姚国勤．高校教学档案管理存在的问题及对策［J］．办公自动化，2016，21（16）：46-48.

[181] 郭延君. 加强高校教学档案建设和管理的意义及途径 [J]. 科技创新导报, 2016, 13 (23): 124+126.

[182] 王雅新. 构建高校二级院系教学档案优化管理体系的策略探讨 [J]. 今日财富, 2016, 11 (15): 154-155.

[183] 肖虹, 赵海燕. 浅议新时期高校教学档案的归档创新 [J]. 中外企业家, 2016, 2 (22): 263+265.

[184] 罗丽萍. 高校二级学院教学档案管理办法探究 [J]. 办公室业务, 2016, 4 (14): 130+154.

[185] 胡红. 强化高校教学档案管理, 促进教学质量提升 [J]. 镇江高专学报, 2016, 29 (3): 65-67.

[186] 余美虹. 高校教学档案整理的标准与实践 [J]. 才智, 2016, 12 (20): 37.

[187] 高霞. 信息化环境下高校教学档案管理研究综述 [J]. 档案管理, 2016, 34 (4): 75-77.

[188] 谢斌. 浅谈高校教学档案管理工作 [J]. 现代交际, 2016, 33 (13): 180.

[189] 成慧. 高校教学档案信息化管理的探析 [J]. 中外企业家, 2016, 24 (18): 194+199.

[190] 尹黎莉. "互联网+"时代高校教学档案管理工作的创新 [J]. 长江丛刊, 2016, 3 (18): 155.

[191] 宋灼蓉. 高校教师教学档案网络平台的特性与分析规划 [J]. 长江工程职业技术学院学报, 2016, 33 (2): 66-68.

[192] 王慧. 高校教学档案集成管理原则及其运作 [J]. 祖国, 2016, 34 (11): 138.

[193] 倪峰, 李世俊, 侬艳琼, 杨勇. 高校教学档案数字化建设探析 [J]. 兰台世界, 2016, 4 (10): 42-44.

[194] 宋丹. 基于数字环境下高校教学档案利用服务研究 [J]. 兰台世界, 2016, 3 (10): 48-49.

[195] 尹黎莉. 论高校教学档案的科学开发与有效利用 [J]. 办公室业务, 2016, 4 (9): 87.

[196] 刘丹, 周华. 高校教学档案分类与管理研究——以湖南水利水电职业技术学院教务处档案为例 [J]. 科技经济市场, 2016, 5 (4): 250-251.

[197] 许珍花. 微信平台在高校教学档案信息服务中的特征与模式分析 [J]. 办公室业务, 2016, 3 (7): 27-28.

［198］徐嘉宾．高校教学档案类目的问题与建议［J］．办公室业务，2016，5（7）：81-82.

［199］潘海燕．现代高校教学档案管理模式探索［J］．江苏科技信息，2016，4（9）：11-12.

［200］许珍花．基于文献计量法的国内高校教学档案管理研究综述（1982年—2015年）［J］．山西档案，2016，12（2）：130-132.

［201］马蒙蒙．关于高校二级学院教学档案管理工作的思考［J］．中小企业管理与科技（中旬刊），2016，5（3）：42.

［202］杨佳音．高校教学档案管理中存在的问题及对策分析［J］．科学中国人，2016，3（8）：105-106.

［203］曹元红．浅谈高校教学档案管理［J］．科技信息，2009，8（34）：334.

［204］曹丙贵．新时期做好高校教学档案的规范化管理工作［J］．学园，2016，5（7）：165-167.

［205］尹黎莉．浅谈高校教学档案管理的特点、问题及对策［J］．中国培训，2016，4（2）：209.

［206］王晓燕，王新华．信息化视阈下高校教学档案管理方式的转变［J］．科教导刊（中旬刊），2016，3（5）：9-10.

［207］李彩霞．高校教学档案管理的创新模式思考［J］．长江丛刊，2016，5（5）：166.

［208］杨川．高校教学档案建设与教务信息管理［J］．西部素质教育，2016，2（3）：37.

［209］董毅．新时期高校教学档案的信息化管理探析［J］．商，2016，4（1）：56.

［210］刘芳．对高校教学档案目标管理策略的研究［J］．考试周刊，2015，5（1）：156.

［211］李思．现代高校教学档案管理模式探索［J］．当代教育实践与教学研究，2015，4（12）：100+99.

［212］霍倩倩．对高校教学档案管理工作存在问题及解决对策的思考［J］．杨凌职业技术学院学报，2015，14（4）：91-93.

［213］丁明杰，张云辉．教学档案在高校英语教学中的应用研究［J］．兰台世界，2015，35（35）：83-84.

［214］王翀．基于信息化角度看高校教学档案管理方式的转型［J］．兰台世界，2015，45（35）：88-89.

[215] 左珺. 高校学院级教学档案管理系统的设计与实现 [D]. 石家庄：河北科技大学，2015.

[216] 付长缨. 高等教育信息化视域下高校教学档案的建设与开发利用 [J]. 山西档案，2015，9（6）：67-69.

[217] 陈丽君. 浅谈高校教学档案管理工作存在问题及对策 [J]. 佳木斯职业学院学报，2015，54（11）：486-487.

[218] 翟继友. 高校院系级教学档案工作探讨 [J]. 兰台世界，2015，3（32）：109-110.

[219] 理文，顾伟. 关于高校教学档案管理信息化建设若干问题的探讨 [J]. 办公室业务，2015，4（21）：26-27.

[220] 王颢. 高校教学档案三级管理模式初探 [J]. 中国管理信息化，2015，18（21）：201-203.

[221] 傅笑然. 大数据背景下高校教学档案管理探析 [J]. 高教学刊，2015，36（19）：128-129.

[222] 尹黎莉. 高校教学档案管理服务人才培养工作水平评估的研究 [J]. 成才之路，2015，4（27）：11.

[223] 霍倩倩. 高校教学档案管理初探 [J]. 杨凌职业技术学院学报，2015，14（3）：94-96.

[224] 李军. 浅议完善高校教学档案管理体系的相关思考 [J]. 山东工业技术，2015，5（18）：267.

[225] 罗天群，罗永祥. 高校教学档案二元管理模式探析 [J]. 兰台世界，2015，3（26）：48-49.

[226] 段月新. 高校教学档案信息化建设 [J]. 智富时代，2015，4（9）：136.

[227] 马凤波. 高校教学档案管理存在的问题及对策 [J]. 中国报业，2015，8（16）：93-94.

[228] 穆亚荣. 高校教学秘书视角下的教学档案建设与管理策略研究 [J]. 科教导刊（中旬刊），2015，4（23）：17-18.

[229] 房翠苹. 论高校教学档案管理工作的缺失及对策 [J]. 皖西学院学报，2015，31（4）：153-156.

[230] 沈玲玲. 高校教学档案实体分类的实践与反思 [J]. 机电兵船档案，2015，5（4）：58-59.

[231] 杨思炜，王晶. 浅谈如何做好高校教学档案收集工作 [J]. 办公室业务，2015，3（15）：70-71.

［232］李容荣．浅谈目标导向型高校教学档案服务体系的构建［J］．山西档案，2015，4（4）：118-120．

［233］刘晓云．探究高校教学档案管理数字化网络平台的构建［J］．兰台世界，2015，4（20）：25-26．

［234］张超．高校教学档案信息化建设对策研究［J］．兰台世界，2015，5（20）：29-30．

［235］李小云．高校教学档案集成化管理模式分析［J］．学理论，2015，4（20）：81-82．

［236］肖朵．高校教学档案管理现状分析与对策思考［J］．浙江交通职业技术学院学报，2015，16（2）：78-82．

［237］曹宁丽．高校教学档案信息自动化管理若干问题的思考［J］．青海大学学报（自然科学版），2015，33（3）：94-96．

［238］马卓．关于高校二级学院教学档案管理工作的几点思考［J］．世纪桥，2015，7（6）：86-87．

［239］阿曼古丽·依撕拉吉．浅析高校二级学院教学档案创新管理模式［J］．品牌（下半月），2015，30（6）：223．

［240］赵彦军．高校教学档案规范化的影响因素及对策研究［J］．兰台世界，2015，5（17）：64-65．

［241］高树花．从教学评估谈高校系部教学档案规范性建设［J］．兰台世界，2015，5（17）：84-85．

［242］管丽华，杜美利．高校专业认证过程中二级学院教学档案管理［J］．新课程研究（中旬刊），2015，4（6）：120-121．

［243］王占可．构建高校教学档案三级管理的协调机制［J］．山西档案，2015，3（3）：86-88．

［244］文科．高校教学档案新型管理模式研究［J］．办公室业务，2015，8（9）：66．

［245］徐长忠，李慧鹏，罗献习．试论信息化背景下高校教学档案管理存在的问题及对策［J］．中国校外教育，2015，4（12）：11．

［246］王雅新．高校教学档案管理的创新路径探究［J］．时代金融，2015，3（12）：209．

［247］关英．如何做好高校二级学院教学档案管理［J］．经济研究导刊，2015，4（11）：278-279．

［248］陆翠萍．在教学评估视角下看高校二级学院教学档案的价值［J］．时代教育，2015，8（7）：98-99．

［249］范丽娜，陈健．新时期高校教学档案数字化管理的可行性分析［J］．经济研究导刊，2015，5（9）：283-284+316.

［250］李瑞卿，黄显武．地方高校教学档案信息化建设问题及对策研究［J］．山西科技，2015，30（2）：95-97.

［251］田绍敏．高校评估中教学档案管理的重要性及工作创新［J］．黑龙江史志，2015，3（5）：127.

［252］梅琼，熊珊珊．浅谈高校教学档案的科学管理［J］．科技风，2015，5（4）：234.

［253］黄战凤，刘柳．高校教学档案数字化过程中信息整合研究［J］．兰台世界，2015，4（5）：11-12.

［254］王乐芝，李元，曾水英．高校教学档案管理制度优化问题探讨——基于对A大学的个案分析［J］．兰台世界，2015，8（5）：72-73.

［255］卜亚男．试论高校评估背景下的教学档案质量问题［J］．黑龙江史志，2015，4（3）：73+75.

［256］潘秀红．基于价值视角的高校教学档案利用问题研究［J］．兰台世界，2015，3（2）：108-109.

［257］方彬．高校教学档案信息化管理研究［J］．人力资源管理，2015，5（1）：233.

［258］冯伟文．关于加强高校院系教学档案管理工作的思考［J］．黑龙江史志，2015，4（1）：268-269.

［259］张俊丽．高校设计类专业教学档案管理探析［J］．中国轻工教育，2014，8（6）：49-51.

［260］杨川，李墨音．高校艺术专业教学档案管理措施探析［J］．新西部（理论版），2014，5（23）：103.

［261］邢延华．论高校教学档案的价值与优化对策［J］．延边教育学院学报，2014，28（6）：14-15+20.

［262］冯伟文．高校二级教学单位教学档案规范化管理与科学利用［J］．潍坊工程职业学院学报，2014，27（6）：21-24.

［263］马列坚．低碳理念优化高校系部教学档案［J］．科技创新导报，2014，11（33）：120+122.

［264］严华，李江．高校二级学院教学档案管理的新模式研究［J］．科技视界，2014，44（32）：223.

［265］程迎春．高校教学档案管理中存在的问题及对策［J］．辽宁农业职业技术学院学报，2014，16（6）：43-45.

［266］崔小宜．以评促建、以评促管：建设与完善高校教学档案管理工作及其应对措施［J］．陕西教育（高教），2014，53（11）：63-64．

［267］石百千．3G时代高校教学档案资源利用断想［J］．兰台世界，2014，44（32）：34-35．

［268］李瑞卿．新时期高校本科教学档案归档范围与管理的思考［J］．黑龙江史志，2014，14（21）：225-226．

［269］韩建华．高校教学档案在本科教学评估中的应用研究［J］．城建档案，2014，（10）：72-73．

［270］莫家莉，史仕新．高校教学档案保管期限表优化策略研究［J］．兰台世界，2014，35（29）：70-71．

［271］沈玲玲．高校教学档案数字化建设刍议［J］．机电兵船档案，2014，5（5）：64-65．

［272］莫家莉，杨杰．高校教学档案全面质量管理模式探析［J］．西昌学院学报（自然科学版），2014，28（3）：103-105+113．

［273］严莉．以教学评估为契机规范高校的教学档案建设［J］．文教资料，2014，7（26）：137-138．

［274］刘利利．基于知识管理的高校教学档案信息增值探析［J］．档案天地，2014，8（9）：42-43．

［275］韩凌．高校教学档案工作的问题研究［J］．办公室业务，2014，7（17）：229．

［276］张薇．浅谈高校教学档案管理［J］．才智，2014，7（24）：161．

［277］吴亚男．高校教学档案管理中ISO质量管理应用研究——以山东建筑大学为例［J］．山东建筑大学学报，2014，29（4）：387-391．

［278］金财财．如何加强民办高校教学档案管理［J］．城建档案，2014，31（8）：83-84．

［279］李瑞．关于高校二级学院教学档案管理的探索与思考［J］．兰台世界，2014，52（23）：74-75．

［280］蒋娟．浅议高校教学档案数字化管理存在的问题及对策［J］．黑龙江史志，2014，4（15）：139-140．

［281］张仙玉，杨玉孟．从本科教学评估角度思考高校院系教学档案管理工作［J］．时代教育，2014，5（15）：143-144．

［282］宋美霞．高校教学档案管理刍议［J］．文学教育（下），2014，3（7）：75．

［283］李瑞卿．高校教学档案分级管理的研究与思考［J］．管理观察，

2014，7（21）：129-130.

[284] 莫家莉，史仕新. 高校教学档案全面质量管理"全员参与"原则实施策略 [J]. 云南档案，2014，8（7）：48-50.

[285] 潘秀红，万生新. 高校教学档案集成化管理模式探讨 [J]. 兰台世界，2014，15（20）：75-76.

[286] 王磊. 浅析民办高校教学档案的规范化建设 [J]. 办公室业务，2014，14（13）：233-234.

[287] 丁嘉莉. 关于高校教学档案管理工作现状的分析和探讨 [J]. 新课程（中），2014，44（6）：35+37.

[288] 刘艳菊. 对加强高校教学档案工作的几点认识 [J]. 黑龙江档案，2014，5（3）：187.

[289] 李媛媛. 谈高校教学档案的收集工作 [J]. 黑龙江档案，2014，3（3）：82.

[290] 刘娟，侯伟. 高校教学档案建设存在的问题及对策 [J]. 山东档案，2014，8（3）：36-38.

[291] 夏先进. 高校教学档案集成管理原则及其运作要点 [J]. 人力资源管理，2014，7（6）：257.

[292] 武玲娥. 高校院（系）教学档案管理模式初探——以宁夏大学政法学院为例 [J]. 山西档案，2014，5（3）：96-98.

[293] 陈锋，孙淼洋. 数据仓库与云存储技术在高校教学档案管理中的研究与应用 [J]. 中国教育信息化，2014，3（9）：67-69.

[294] 陈禹娜，匡德舜. 浅谈高校教学档案优化管理——以大连海洋大学为例 [J]. 中国科教创新导刊，2014，5（13）：255-256.

[295] 李倩. 近年来高校教学档案利用研究综述 [J]. 现代交际，2014，14（4）：238.

[296] 邵雪梅. 高校二级学院教学档案管理规范化研究 [J]. 中小企业管理与科技（中旬刊），2014，8（4）：45-46.

[297] 刘静. 切实加强成人高校教学档案的管理 [J]. 产业与科技论坛，2014，13（7）：203-204.

[298] 张宝运. 论高校二级院部教学档案的科学管理 [J]. 兰台世界，2014，8（11）：77-78.

[299] 武玲娥. 高校教学档案管理创新理论与实践研究 [J]. 兰台世界，2014，7（11）：78-79.

［300］王占可．高校教学档案管理的创新模式探究［J］．山西档案，2014，1（2）：93-95.

［301］许文．本科教学评估视域下高校教学档案建设标准研究［J］．黑龙江教育（高教研究与评估），2014，7（3）：54-55.

［302］王占可．高校评估视角下提升教学档案管理质量的策略研究［J］．办公室业务，2014，12（5）：185-186.

［303］黄凡珏．基于Web2.0的高校教学档案资源信息化建设［J］．兰台内外，2014，12（1）：36-37.

［304］段红，李小云．论数字环境下高校教学档案资源的开发与利用［J］．怀化学院学报，2014，33（2）：127-128.

［305］刘占彦．高校教学档案资源构建与开发利用的途径［J］．兰台世界，2014，2（5）：109-110.

［306］孙艳丽．基于用户需求的高校教学档案网络服务［J］．兰台世界，2014，8（5）：39-40.

［307］苏萍．浅析新时期高校教学档案管理工作［J］．商，2014，4（3）：240.

［308］范丽娜，刘腾．高校教学档案的价值与优化对策分析［J］．南方论刊，2014，7（1）：104-105+103.

［309］闭线林，黄凡珏．议开发高校教学档案促进教学研究与教学实践的发展［J］．右江民族医学院学报，2013，35（6）：871-872.

［310］范国琴．完善高校教学档案的意义和方法［J］．安庆师范学院学报（社会科学版），2013，32（6）：164-166.

［311］陈艳．高校二级学院教学档案管理工作刍议［J］．科技信息，2013，20（34）：150-151.

［312］刘加威．高校数字教学档案安全现状与存在问题的策略研究［J］．齐齐哈尔医学院学报，2013，34（23）：3549.

［313］滕月鹏．高校教学档案项目化管理创新研究［J］．黑龙江档案，2013，8（6）：15-16.

［314］苏蕾，张鑫．高校专业课双语教学档案管理研究［J］．兰台世界，2013，6（35）：71-72.

［315］李俊连．浅谈高校教学档案管理工作中存在的问题及解决对策［J］．商，2013，27（23）：321.

［316］周娜．高校教学档案管理之我见：有"管"有"理"相得益彰［J］．产业与科技论坛，2013，12（22）：221-222.

［317］张淑琴．高校教学档案系统化管理探析［J］．山西档案，2013，8（6）：66-67.

［318］张敏，姜波．高校二级教学单位教学档案规范化管理研究［J］．吉林工程技术师范学院学报，2013，29（11）：68-69.

［319］刘晓静．关于高校教学档案的利用价值与现状的几点思考［J］．劳动保障世界（理论版），2013，9（11）：234.

［320］支丽平．地方性高校教学档案信息化管理的探讨［J］．兰台世界，2013，4（32）：64-65.

［321］高强．从民办高校视角谈教学档案管理［J］．档案管理理论与实践-浙江省基层档案工作者论文集，2013，1（8）：138-141.

［322］谢晓光，杨小红．高校教学系教学档案管理现状及对策研究［J］．产业与科技论坛，2013，12（20）：246-247.

［323］孟霞光．浅议高校教学档案信息化管理的现状及对策［J］．天津市教科院学报，2013，8（5）：51-53.

［324］刘晓静．浅谈对高校教学档案分类体系的一点认识［J］．劳动保障世界（理论版），2013，6（10）：66.

［325］孔媛媛．基于粗糙集理论的高校教学档案价值判定研究［J］．连云港职业技术学院学报，2013，26（3）：79-81.

［326］袁媛．高校语文课程教学档案信息化管理研究［J］．语文建设，2013，34（26）：72-73.

［327］孟宁，许姝佳．关于加强高校教学档案管理工作的思考［J］．教育教学论坛，2013，36（38）：14-15.

［328］张敏捷．高校教学档案的精细化管理研究［J］．兰台世界，2013，（26）：50-51.

［329］王宇．高校教学档案利用登记及统计工作的几点思考［J］．黑龙江档案，2013，6（4）：58.

［330］俞笑春．本科教学工作水平评估视阈下的地方高校教学档案建设［J］．新课程研究（中旬刊），2013，5（8）：170-172.

［331］毕晓平．高校实践教学档案动态化管理析论［J］．科技信息，2013，4（21）：217-218.

［332］徐荣靖．加强高校教学档案信息化管理的思考［J］．全国商情（经济理论研究），2013，5（13）：85-87.

［333］郭兰．加强高校教学档案分类体系的探讨［J］．才智，2013，3（20）：145.

［334］王琪．高校教学档案分层管理措施的研究［J］．兰台世界，2013，3（20）：73-74．

［335］周玮，毕鸿雁，孟成民，夏靖娴．高校教学档案信息化管理研究［J］．中国校外教育，2013，4（19）：31．

［336］戚艳．浅谈信息时代高校教学档案的现代化管理［J］．才智，2009，7（34）：262-263．

［337］李娟娟．高校教学档案管理研究［J］．怀化学院学报，2013，32（6）：109-110．

［338］邹丽霞．高校院系教学档案规范化管理问题探讨［J］．桂林航天工业学院学报，2013，18（2）：194-196．

［339］张莉．浅谈高校教学档案收集及其建档原则［J］．郧阳师范高等专科学校学报，2013，33（3）：126-127．

［340］袁芙蓉．高校教学档案的管理与创新［J］．产业与科技论坛，2013，12（11）：249-250．

［341］马利红．高校英语教学档案的科学管理和利用［J］．兰台世界，2013，5（17）：100-101．

［342］初庆华．高校教学档案的数字化及信息化管理探讨［J］．兰台世界，2013，5（14）：24-25．

［343］池金华．高校教学档案管理应在创新上下功夫［J］．黑龙江史志，2013，4（9）：36+38．

［344］狄岱岳，黄红霞．以利用和服务为导向管理高校美术院系教学档案［J］．文教资料，2013，3（13）：169-170．

［345］张世英，孙振生，罗雷，杨正伟，朱杰堂．高校专业教研室教学档案一体化管理体系建设研究［J］．陕西教育（高教版），2013，4（4）：50-51．

［346］周世好，李莹．高校院系对教学档案资料管理的探讨［J］．琼州学院学报，2013，20（2）：91-92+96．

［347］江桂平．新形势下高校教学档案管理的创新［J］．新课程研究（中旬刊），2013，5（4）：168-170．

［348］周杨慧．高校教学档案管理之我见［J］．黑龙江史志，2013，7（7）：23-24．

［349］焦丹琼．对高校教学档案管理的思考［J］．中国科教创新导刊，2013，5（10）：209．

［350］郭宪贞．论信息化视阈下高校教学档案管理方式的转变［J］．山西档案，2013，3（2）：62-63．

［351］阿米娜．试论高校教学档案的分类及其特点［J］．全国商情（理论研究），2013，5（6）：80-81．

［352］姚纪平．高校教学档案管理工作之我见［J］．吕梁教育学院学报，2013，30（1）：76-77．

［353］孙靖靖，金丹，冯瑜，马亮．高校教学档案新型管理模式构建研究［J］．兰台世界，2013，4（8）：42-43．

［354］李丽华．浅谈高校教务处教学档案建立和管理的重要性［J］．办公室业务，2013，5（5）：73-74．

［355］朱焕芝，朱秀春，陆尚伟．高校教学档案管理策略［J］．合作经济与科技，2013，7（5）：121-122．

［356］黄凡珏，何丽萍．高校教学档案服务于教育教学工作若干问题的思考［J］．右江民族医学院学报，2013，35（1）：92-93．

［357］王宇．高校教学档案利用系统研究——以哈尔滨理工大学为例［J］．黑龙江档案，2013，6（1）：29．

［358］钱爱华．完善高校教学档案归档范围与分类标准的思考［J］．兰台世界，2013，16（5）：68-69．

［359］陈雪利．浅谈高校教学档案管理工作的一点认识［J］．办公室业务，2013，6（3）：26-27．

［360］刘丽．高校本科教学评估对院系教学档案管理的反拨作用［J］．办公室业务，2013，4（1）：147-148+150．

［361］徐莉，苏翠华．高校财经类专业教学档案管理创新研究［J］．时代金融，2012，5（36）：335．

［362］邢欣欣．信息化视野下我国高校教学档案管理探究［J］．佳木斯教育学院学报，2012，66（12）：168-169．

［363］夏先进．简析高校教学档案目标管理策略［J］．四川职业技术学院学报，2012，22（6）：153-154．

［364］韦娇艳，罗秋兰．提升高校教师教学能力背景下的地方高校教学档案建设探析［J］．教育教学论坛，2012，43（35）：34-35+31．

［365］薛惠珍，唐清安．网络环境下高校教学档案信息化管理的实现［J］．数字技术与应用，2012，5（11）：217．

［366］王东旭，王洋．高校二级学院教学档案管理的探索与思考［J］．中国电力教育，2012，4（32）：145-146+148．

［367］崔小宜．高校二级学院教学档案工作中的问题与思考［J］．青春岁月，201234（21）：333．

［368］王巧云．民办高校院（系）教学档案建设与管理——以三江学院为例［J］．沿海企业与科技，2012，43（10）：98-100．

［369］张峰，涂蓉，贺文德，彭红蔓，周英．高校院系级教学档案管理的规范与优化［J］．教育教学论坛，2012，5（28）：9-10．

［370］郑秀红，黄金火．从教学工作合格评估角度审视高校教学档案管理工作［J］．通化师范学院学报，2012，33（10）：97-99．

［371］胡滨．提高高校教学档案利用率的思考［J］．产业与科技论坛，2012，11（19）：147-148．

［372］谭丽萍．民办高校教学档案管理工作存在问题与对策［J］．南方论刊，2012，45（10）：107-109．

［373］关美．浅谈高校教学档案管理与利用［J］．南昌教育学院学报，2012，27（9）：51-52．

［374］刘云．高校教学档案管理的现状及对策［J］．滁州学院学报，2012，14（4）：118-120．

［375］张媛媛．知识时代的高校教学档案管理模式［J］．滁州学院学报，2012，14（4）：121-123．

［376］吴静．浅析现代高校教学档案管理的信息化进程［J］．科教导刊（上旬刊），2012，16（15）：166+226．

［377］佘利莉．浅谈高校教学档案的管理［J］．湖北广播电视大学学报，2012，32（8）：130．

［378］尹翔．高校教学档案管理工作存在的问题及其原因探析［J］．文史月刊，2012，（8）：35-36．

［379］张宁．高校教学档案的管理现状、问题及对策研究［J］．产业与科技论坛，2012，11（14）：230-231．

［380］邱云贞．如何加强高校教学档案管理工作［J］．文教资料，2012，34（21）：159-160．

［381］刘信香．关于加强高校二级院系教学档案管理工作的思考［J］．黑河学刊，2012，8（7）：169-170．

［382］柳亮，陈罡，莫书荣．教学档案在高校教学管理中的作用与管理模式研究［J］．辽宁教育行政学院学报，2012，29（4）：105-106．

［383］韩国晖．浅谈高校教学档案数字化建设中应采取的措施［J］．佳木斯教育学院学报，2012，5（7）：123．

［384］董燕．浅谈高校教务处教学档案建立和管理的重要性［J］．学理论，2012，9（19）：183-184．

［385］刘林青．高校教学档案管理存在的问题及改进意见［J］．佳木斯教育学院学报，2012，5（6）：167．

［386］王晓华．高校教学档案管理信息化建设刍议［J］．潍坊学院学报，2012，12（3）：112-113．

［387］宋丽．加强成人高校教学档案管理工作的若干思考［J］．科教导刊（上旬刊），2012，34（11）：210-211．

［388］杜春龙．高校系部教学档案管理工作摭谈［J］．文教资料，2009，4（34）：175-176．

［389］赵艺．高校教学档案信息化管理［J］．办公室业务，2012，17（9）：9-10．

［390］梅琼．地方高校教学档案信息化管理中存在的问题与对策［J］．长春教育学院学报，2012，28（4）：129-130．

［391］严瑛，杨永洁．加强高校教学档案建设和管理的意义及途径［J］．青岛大学医学院学报，2012，48（2）：177-179．

［392］王建华．浅析高校体育学院教学档案管理方法［J］．科技情报开发与经济，2012，22（8）：97-98+122．

［393］王菊雅，陈淑玉．基于Web的高校教学档案管理系统的研究与实现［J］．硅谷，2012，8（8）：79+98．

［394］马静．高校教学档案管理之我见［J］．教育教学论坛，2012，12（11）：215-216．

［395］吴亚男，丁静．以人为本做好高校教学档案的开发利用与服务［J］．山东档案，2012，3（2）：35-36．

［396］张莉雅．浅谈高校院系教学档案的收录与管理［J］．办公室业务，2012，4（7）：25．

［397］程丹．论高校教学档案的管理与创新［J］．长沙铁道学院学报（社会科学版），2012，13（1）：275-276．

［398］梅琼，李涛．浅谈高校教学档案的开发与利用［J］．科技风，2012，5（1）：209．

［399］吴静．浅谈加强高校教学档案管理的几点思考［J］．才智，2012，4（1）：372．

［400］周海燕．谈高校教学档案的作用与开发利用［J］．兰台内外，2011，7（6）：34．

［401］李凤芝．高校系部教学档案管理内容及其作用［J］．泰安教育学院学报岱宗学刊，2011，15（4）：141-142．

［402］蔡锋雷，李绍青，马长永，洪涛，萧婷．浅谈高校教研室教学档案建设［J］．中国高等医学教育，2011，5（12）：48-49.

［403］杨杰．高校教学档案管理工作的时代变革及发展趋向［J］．黑龙江档案，2011，7（6）：8-9.

［404］董燕．高校教学档案管理优化探析［J］．时代教育（教育教学），2011，（12）：63.

［405］王茹熠．高校教学档案资源整合研究［J］．兰台世界，2011，13（30）：26-27.

［406］邱宝玲．浅谈信息化背景下加强高校教学档案管理的几点思考［J］．今日财富（金融发展与监管），2011，8（12）：298-299.

［407］潘秀红．高校教学档案集成化管理模式的探索［J］．咸阳师范学院学报，2011，26（6）：120-122.

［408］李章程．高校教学档案信息资源的现代化管理研究［J］．档案与建设，2011，8（11）：19-22.

［409］梅琼，赵金卓．浅析高校教学档案的作用与管理［J］．科技风，2011，8（21）：270.

［410］弓赞芳．高校教学档案管理要上新台阶［J］．价值工程，2011，30（31）：150-151.

［411］成冬梅，孙洋．高校教学档案数字化管理与建设［J］．飞天，2011，12（20）：102-103.

［412］李章程．论高校教学档案的信息化建设——基于浙江的实证［J］．办公自动化，2011，5（20）：7-10+61.

［413］刘馨蔚．高校教学档案管理中的不足及其改进措施［J］．文体用品与科技，2011，7（9）：107.

［414］明艳．论高校院（系）教学档案信息化管理及利用［J］．考试周刊，2011，44（73）：206-207.

［415］祝燃．高校教学档案管理规范化的研究与思考［J］．知识经济，2011，34（17）：164.

［416］李洪梅．高校教学档案管理的现状困境及其应对策略——以内蒙古地区为例［J］．内蒙古财经学院学报（综合版），2011，9（4）：121-123.

［417］田育鑫．谈高校教学档案的管理［J］．办公室业务，2011，2（8）：53+48.

［418］孙梅霞．高校教学档案管理初探［J］．兰台世界，2011，4（2）：112.

［419］吴祖允．关于高校二级学院教学档案管理工作的思考［J］．黑龙江教育（高教研究与评估），2011，8（8）：30-31.

［420］许凌．浅谈高校教学档案利用中的个人信息保护［J］．云南档案，2009，1（11）：32-33.

［421］陈海萍．新时期高校二级学院教学档案管理工作探讨［J］．佳木斯教育学院学报，2011，6（4）：93.

［422］王蔷馨．刍议民办高校教学档案建设［J］．中国科教创新导刊，2011，45（23）：221-222.

［423］徐艳，王天龙．高校二级学院教学档案建设的现状及对策——以青岛农业大学为例［J］．科技信息，2011，24（22）：414.

［424］何娇．高校教学档案管理的思考［J］．中国成人教育，2011，14（14）：23-24.

［425］徐艳．高校二级学院教学档案创新管理模式探讨［J］．考试周刊，2011，4（57）：212-213.

［426］白雯．对加强高校教学档案管理的思考［J］．甘肃教育，2011，5（14）：19.

［427］申雪倩．浅析高校教学档案的收集［J］．科技信息，2011，33（18）：62.

［428］黄祯．以评估为契机加强高校二级教学档案管理［J］．传奇.传记文学选刊（理论研究），2011，3（6）：60-62.

［429］刘俊．高校教学档案管理和利用策略［J］．北京教育学院学报，2011，25（3）：53-57.

［430］江燕，武红桥．浅析高校教学档案的特性及其管理［J］．湖北第二师范学院学报，2011，28（6）：126-128.

［431］丛筠．论高校教学档案管理的完善对策［J］．山东工商学院学报，2011，25（3）：122-123.

［432］刘丽梅．高校教学档案管理的现状分析及其对应之策［J］．兰台世界，2011，24（12）：25-26.

［433］曾秀梅．浅谈高校院系教学档案管理［J］．赤峰学院学报（自然科学版），2011，27（5）：128-129.

［434］张含卓，欧雪梅．加快高校教学档案信息化建设的思考［J］．华北煤炭医学院学报，2011，13（3）：427-428.

［435］谭鸿雁．认证服务视角下的高校教学档案资源建设［J］．兰台世界，2011，20（10）：42-43.

［436］马巧红．浅谈高校教学档案管理工作［J］．兰台世界，2011，12（10）：52-53．

［437］毕晓芬，孙海伦．高校教学档案管理探讨［J］．黑龙江科技信息，2011，24（14）：100．

［438］张桦．浅析高校教学档案管理对教学评估的作用［J］．黑龙江科技信息，2011，52（14）：111．

［439］韩媛媛．高校评估中教学档案及其管理的重要性［J］．石家庄职业技术学院学报，2011，23（2）：18-19．

［440］李娟．高校教学档案信息化建设的理论与实践［J］．四川档案，2011，4（2）：46-47．

［441］张鹭．浅谈高校教学档案的开发和利用［J］．福建广播电视大学学报，2011，5（2）：54-57．

［442］李琴．论高校教学档案管理中的主要问题及对策［J］．湖北第二师范学院学报，2011，28（4）：133-134．

［443］刘迎春．浅析新形势下高校教学档案管理［J］．教育教学论坛，2011，7（9）：98-99．

［444］方立丽．高校加强教学档案管理工作建设的几点思考［J］．新疆广播电视大学学报，2011，15（1）：70-71．

［445］叶嘉茵．关于加强高校教学档案管理的探讨［J］．新课程（教育学术），2011，3（3）：58．

［446］李玉萍．高校继续教育教学档案管理工作的几点思考［J］．桂林航天工业高等专科学校学报，2011，16（1）：70-71．

［447］冯蓉．浅谈高校教学档案建设工作［J］．湖北广播电视大学学报，2011，31（3）：121-122．

［448］朱佳慧．ISO9000族标准在高校教学档案管理中的应用研究［J］．品牌（理论月刊），2011，8（2）：126-127．

［449］李炽英．高校教学档案的收集方法［J］．档案时空，2011，1（2）：36．

［450］汪琴．浅析如何做好高校教学档案的管理工作［J］．法制与社会，2011，9（3）：219．

［451］陈树华．如何做好高校教学档案管理工作［J］．漯河职业技术学院学报，2011，10（1）：119-120．

［452］刘小海．浅谈高校教学档案管理［J］．中国科教创新导刊，2011，7（2）：227+237．

［453］钱爱华．高校教学档案分类探讨［J］．安庆师范学院学报（社会科学版），2010，29（12）：100-103．

［454］戴旸．高校教学档案规范化管理探析［J］．云南档案，2010，8（12）：38-39．

［455］郭荣祥．高校教学档案管理三论［J］．中国成人教育，2010，4（23）：48-49．

［456］王玉玲．论高校教学档案的精细化管理［J］．兰台世界，2010，7（24）：39-40．

［457］张红梅．高校教学档案管理工作之我见［J］．中国科教创新导刊，2010，8（35）：244．

［458］季虹．浅谈高校教学档案的管理［J］．科学中国人，2010，5（11）：128-129．

［459］马小艳，张勇．高校教学档案接收工作中的矛盾剖析与反思［J］．科技信息，2010，7（31）：191+216．

［460］陈红云，危革．高校院系教学档案规范管理探讨［J］．科技资讯，2010，5（31）：191．

［461］严云．对当代高校教学档案管理方法的思考［J］．科教文汇（下旬刊），2010，4（10）：179+189．

［462］吴洪江．基于B/S技术开发的高校教学档案管理系统的设计和制作［J］．中医药管理杂志，2010，18（10）：953-954．

［463］马卫军．浅谈高校院系教学档案的建设与管理［J］．中小企业管理与科技（下旬刊），2010，（10）：177-178．

［464］王茹熠．谈高校教学档案的现代化管理［J］．黑龙江教育（高教研究与评估），2010，4（10）：51-52．

［465］黄志洪．信息化视野下高校教学档案与OA系统的优化整合［J］．兰台世界，2010，5（20）：27-28．

［466］王学梅．以创新推进高校教学档案的电子化管理［J］．淮海工学院学报（社会科学版），2010，8（8）：130-131．

［467］兰措．高校教学档案的收集和整理［J］．陕西档案，2010，2（4）：38-39．

［468］王春燕．浅谈高校教学档案管理［J］．高教论坛，2010，4（8）：105-106+118．

［469］李容荣．加强高校二级学院教学档案的建设与管理［J］．吉林省教育学院学报（学科版），2010，26（8）：13-14．

[470] 孙放. 以高校教学评价为契机推进教学档案建设与发展 [J]. 长春理工大学学报, 2010, 5 (8): 167-168.

[471] 钟晓春. 高校教学档案网络化管理探析 [J]. 黑龙江档案, 2010, 2 (4): 36.

[472] 夏文. 高校本科教学评估促进教学档案的规范化建设和管理 [J]. 才智, 2010, 4 (22): 85-86.

[473] 卢宏伟, 孔乐佳. 高校转型中的教学档案管理改革 [J]. 中国成人教育, 2010, 5 (13): 57-58.

[474] 崔闽莲. 高校教学档案管理模式创新的问题及对策 [J]. 河北大学成人教育学院学报, 2010, 12 (2): 108-109.

[475] 罗金莉. 高校教学档案信息化建设的问题及对策研究 [J]. 河北大学成人教育学院学报, 2010, 12 (2): 104-105.

[476] 刘云. 高校教学档案管理初探 [J]. 长江大学学报 (社会科学版), 2010, 33 (3): 302-303.

[477] 贾素梅. 试论高校教学档案的管理与利用 [J]. 河北工程大学学报 (社会科学版), 2010, 27 (2): 124-125.

[478] 王爽. 高校教学档案管理的必要性与方法 [J]. 吉林省教育学院学报, 2010, 26 (5): 63-64.

[479] 吴晓. 优化和规范高校教学档案管理服务本科教学评估刍议 [J]. 湖北大学成人教育学院学报, 2010, 28 (2): 72-74.

[480] 陈少毅. 实现高校教学档案数字化提升档案资源价值 [J]. 陕西档案, 2010, 7 (2): 42-43.

[481] 许娟. 新时期高校二级院系教学档案管理工作的几点思考 [J]. 北京档案, 2010, 8 (4): 36-37.

[482] 张金凤. 高校教学档案信息化管理研究 [D]. 南宁: 广西民族大学, 2010.

[483] 冒红. 浅议校园网络环境下的高校系部教学档案管理 [J]. 才智, 2010, (8): 286-287.

[484] 王学梅. 高校教学档案管理中计算机应用的利弊分析 [J]. 淮海工学院学报 (社会科学版), 2010, 8 (2): 137-139.

[485] 潘虹. 浅谈高校教学档案的精细化管理 [J]. 消费导刊, 2010, 7 (4): 128.

[486] 左雅梅. 高校教学档案的编研与管理 [J]. 中国高新技术企业, 2010, 4 (6): 39-40.

［487］金礼庆．试析高校教学档案的管理模式［J］．中国科教创新导刊，2010，4（4）：227．

［488］徐蔚．新时期高校教学档案的作用及管理策略初探［J］．黑龙江史志，2010，（2）：61-62+64．

［489］李晶．建立高校教师教学档案的方法研究［J］．云南档案，2010，15（1）：49-50．

［490］蔡华清．谈高校教学档案的管理［J］．长春理工大学学报（高教版），2010，5（1）：96-97．

［491］陆为群．论高校教学档案目标管理策略［J］．江苏高教，2010，4（1）：76-78．

［492］戚艳．关于高校教学档案管理与教学质量评估的思考［J］．黑龙江史志，2009，5（24）：62+66．

［493］秦捷英．论高校教学档案管理［J］．今日南国（理论创新版），2009，5（12）：17．

［494］孔华．高校二级单位教学档案建设与管理［J］．四川档案，2009，5（6）：40-41．

［495］韩成春．当前高校教学档案信息化建设中存在的问题及其对策［J］．网络财富，2009，5（24）：21-22．

［496］郑红武．试论高校教学档案的经济价值［J］．经济研究参考，2009，5（71）：67-68．

［497］王亚丽．浅谈高校教学档案管理工作面临的问题及对策［J］．杨凌职业技术学院学报，2009，8（4）：39-40+84．

［498］纪玮．浅谈高校教学档案管理工作面临的问题和对策［J］．山东行政学院山东省经济管理干部学院学报，2009，4（6）：140-142．

［499］李美艳，邓利华．高校教学档案管理的现状及对策［J］．衡阳师范学院学报，2009，30（6）：170-172．

第五章　高校学生档案与管理

高校学生档案与管理文献的编纂成果如下：

［1］志伟，刘晓艳，甄少磊．关于高校学生档案管理工作的探析［J］．北京档案，2022，12（4）：35-37.

［2］官宇．新时代高校学生档案管理的挑战与对策研究［J］．办公室业务，2021，11（23）：125-127.

［3］刘晓瑛．高校学生档案管理研究［J］．城建档案，2021，5（10）：80-81.

［4］于永梅，张勇．民办高校学生档案管理工作路径探析［J］．办公室业务，2021，7（20）：146-147.

［5］廖秀娟．基于大学生就业服务的高校学生档案管理研究［J］．科学咨询（科技·管理），2021，8（10）：38-39.

［6］赵飞燕，张丙虎．"互联网+"环境下高校学生档案管理系统的原型设计［J］．现代信息科技，2021，5（17）：107-109.

［7］刘敏．区块链技术在高校学生档案管理中的应用探索［J］．城建档案，2021，4（8）：26-27.

［8］张燕．就业服务视角下的高校学生档案管理分析［J］．作家天地，2021，1（13）：109-110.

［9］胡宁玉，赵青杉，冯丽萍，王鸿斌，张静．基于区块链技术的高校学生档案管理研究［J］．忻州师范学院学报，2021，37（2）：41-44.

［10］王婧．高校学生档案管理现状调查［J］．城建档案，2021，2（4）：76-77.

［11］宋方圆．网络环境下对高校学生档案管理的几点认识［J］．文化产业，2021，1（8）：102-103.

［12］郑新莺．基于SWOT分析法构建高校学生档案管理机制［J］．城建档案，2021，12（2）：79-81.

［13］王芗馨．就业视角下高校学生档案管理工作创新与实践［J］．办公室业务，2021，3（2）：159-160.

［14］郑洁．民办高校学生档案管理模式建构创新研究［J］．兰台世界，

2020，7（2）：25-26.

　　[15]杨玫．针对高校学生档案管理问题的对策与研究[J].兰台内外，2020，4（25）：46-48.

　　[16]王芳．解析新形势下高校学生档案管理策略[J].传媒论坛，2020，3（18）：121.

　　[17]郭立，梁静．论高校学生档案管理的风险规避[J].内蒙古科技与经济，2020，5（14）：18-19+33.

　　[18]荣响逸．新时期高校学生档案管理的创新与变革[J].农家参谋，2020，4（13）：245.

　　[19]濮俊伟，陈新新．当前高校学生档案管理工作存在的问题与对策[J].山西青年，2020，5（12）：210.

　　[20]谢卫朋．关于就业视角下高校学生档案管理创新分析[J].现代经济信息，2020，4（10）：27+29.

　　[21]黄煌．高校学生档案管理体系优化策略探究[J].知识文库，2020，5（10）：121+127.

　　[22]荣响逸．浅谈高校学生档案管理与大学生就业[J].农家参谋，2020，1（15）：262.

　　[23]刘铁莉．基于仿生学的高校学生档案管理探析——以宁波市G高校为例[J].改革与开放，2020，8（9）：91-94.

　　[24]王庭芸．试析如何运用网络平台推进高校学生档案管理[J].黑龙江档案，2020，2（2）：42-43.

　　[25]盛祖敏．高校学生档案管理中信息数字化管理模式应用研究[J].才智，2020，12（11）：236.

　　[26]张鑫楠．高校学生档案管理现状调查[D].沈阳：辽宁大学，2020.

　　[27]钱秀芳．区块链技术应用于高校学生档案管理的探究[J].办公自动化，2020，25（6）：43-45.

　　[28]王超逸．全媒体环境下高校学生档案管理的问题及对策[J].知识文库，2020，5（3）：242-243.

　　[29]葛珊．高校学生档案管理工作发展战略[J].兰台内外，2020，4（2）：20-21.

　　[30]曾川．高校学生档案管理工作的发展分析[J].传播力研究，2019，3（34）：254.

　　[31]李海瑛．高校学生档案管理工作研究[J].兰台内外，2019，20（31）：27-28+20.

［32］王海燕．高校学生档案管理存在的问题及发展方向研究［J］．办公室业务，2019，1（20）：152.

［33］郭淼．信息技术支持下的高校学生档案管理模式研究［J］．戏剧之家，2019，1（32）：224+226.

［34］赵维佳．大数据时代高校学生档案管理的新路径［J］．黑龙江档案，2019，2（5）：68-69.

［35］陈丹．新时代高校学生档案管理探究［J］．黑龙江档案，2019，1（5）：60.

［36］杨杰．高校学生档案管理信息化平台的建设与发展［J］．兰台世界，2019，5（10）：59-60.

［37］李玮，莫丽彬，陈玉峰，周扬慧．浅谈高校学生档案管理主要问题及对策［J］．兰台内外，2019，4（28）：19-20.

［38］孙康燕．大数据时代高校学生档案管理的挑战与对策剖析［J］．兰台内外，2019，9（26）：17-18.

［39］赵维佳．信息化时代高校学生档案管理模式创新探究［J］．办公室业务，2019，7（17）：78.

［40］王庭芸．高校学生档案管理现代化实现路径分析［J］．办公室业务，2019，4（17）：119.

［41］冯四清．高校学生档案管理问题剖析［J］．城建档案，2019，5（8）：74-77.

［42］高敏杰．高校学生档案管理现代化的实现路径研究［J］．科技风，2019，3（23）：49.

［43］贺蕊．大数据时代高校学生档案管理的挑战与对策探讨［J］．兰台内外，2019，4（23）：9-10.

［44］王秀梅．关于高校学生档案管理信息化建设的思考［J］．城建档案，2019，5（7）：40-41.

［45］高敏杰．大数据时代高校学生档案管理的挑战与对策研究［J］．智库时代，2019，4（28）：59+81.

［46］刘芳．高校学生档案管理存在的问题及优化对策研究［J］．办公室业务，2019，5（11）：106.

［47］叶淑贤．高校学生档案管理存在的问题及对策探述［J］．今日财富，2019，8（11）：211.

［48］蒋碧蓉．新时期高校学生档案管理策略探究［J］．办公室业务，2019，7（10）：156-157.

［49］曹燕红．基于大数据时代高校学生档案管理的研究［J］．办公室业务，2019，5（10）：159-160．

［50］常春玲．大数据时代高校学生档案管理的挑战与对策研究［J］．兰台内外，2019，2（13）：16-17．

［51］王居一．高校学生档案管理现代化过程中的问题与对策［J］．办公室业务，2019，5（9）：96-97．

［52］张静．新时期如何创新高校学生档案管理工作［J］．办公室业务，2019，4（8）：155．

［53］赵维佳．就业与管理需求导向下的高校学生档案管理改革［J］．兰台内外，2019，5（11）：33-34．

［54］涂爱爱．互联网下对高校学生档案管理的几点认识［J］．国际公关，20192，（4）：140．

［55］邓婷．基于大数据的高校学生档案管理模式研究［J］．兰台内外，2019，4（10）：26-27+21．

［56］蒋伟红．做好高校学生档案管理工作研究［J］．办公室业务，2019，5（7）：110．

［57］张燕，魏渠波．信息技术支持下的高校学生档案管理模式研究［J］．办公室业务，2019，5（6）：98．

［58］王庭芸．大数据时代高校学生档案管理的挑战与对策探讨［J］．兰台内外，2019，2（8）：19-20．

［59］张悦．浅谈加强高校学生档案管理的现实路径［J］．现代经济信息，2019，5（5）：95．

［60］仝英．大数据时代高校学生档案管理与利用探讨［J］．兰台内外，2019，4（5）：33-34．

［61］左丽娜．高校学生档案管理创新与服务模式的思考［J］．科技创新导报，2019，16（2）：185-186．

［62］彭万霞．高校学生档案管理工作问题探析［J］．信息记录材料，2019，20（1）：132-133．

［63］康增瑞．基于大数据的高校学生档案管理研究［J］．农村经济与科技，2018，29（24）：285-286．

［64］朱明祥．大数据时代高校学生档案管理的挑战与对策研究［J］．现代职业教育，2018，5（34）：260．

［65］周莹莹．信息时代高校学生档案管理模式探究［J］．办公室业务，2018，7（23）：94+97．

［66］谢静．基于大学生就业服务的高校学生档案管理研究［J］．吉林广播电视大学学报，2018，5（11）：143-144．

［67］李芬．高校学生档案管理与大学生就业关系探讨［J］．知识文库，2018，2（21）：254．

［68］谢建辉．新时代高校学生档案管理现状与对策［J］．兴义民族师范学院学报，2018，4（5）：81-84．

［69］詹秀琴．高校学生档案管理工作探究［J］．延边教育学院学报，2018，32（5）：79-80．

［70］孙鹏．新时期高校学生档案管理改革探究［J］．科技资讯，2018，16（29）：122+126．

［71］王玉武．浅谈高校学生档案管理主要问题及对策［J］．现代经济信息，2018，25（19）：44-45．

［72］王海燕．新时期如何创新高校学生档案管理工作［J］．办公室业务，2018，36（18）：160．

［73］宋文超．基于生命周期理论的高校学生档案管理——以北京外国语大学为例［J］．兰台世界，2018，26（9）：56-59．

［74］王秀芳．就业视角下高校学生档案管理工作的创新与实践［J］．办公室业务，2018，5（17）：116．

［75］张晓辉．大数据时代高校学生档案管理的挑战与对策［J］．传播力研究，2018，2（25）：190-191．

［76］常佳．高校学生档案管理信息化建设的探索与思考［J］．课程教育研究，2018，5（34）：252．

［77］景阳．网络环境下对高校学生档案管理的几点认识［J］．兰台世界，2018，4（8）：85-87．

［78］熊英．如何做好高校学生档案管理工作［J］．新校园（上旬），2018，8（6）：141．

［79］王春莉，詹晋强．高校学生档案管理信息化思考［J］．办公室业务，2018，7（11）：46．

［80］常巍．浅谈高校学生档案管理系统对高校档案管理的促进作用［J］．电脑知识与技术，2018，14（15）：69-70．

［81］燕君．高校学生档案管理存在的问题及对策研究［J］．内江科技，2018，39（4）：13+34．

［82］周莹莹．高校学生档案管理机构设置问题及对策研究［J］．北京档案，2018，8（3）：38-39．

[83] 常巍. 高校学生档案管理工作在互联网环境下改革研究 [J]. 居舍，2018，7（5）：141.

[84] 黄波. 就业视角下高校学生档案管理与数字化创新 [J]. 宁波职业技术学院学报，2017，21（6）：58-61.

[85] 吕扬. 高校学生档案管理现代化的实现路径研究 [J]. 办公室业务，2017，5（23）：120.

[86] 黄英. 高校学生档案管理研究 [J]. 档案时空，2017，4（12）：27-28.

[87] 吕扬. 大数据时代高校学生档案管理与利用探讨 [J]. 长江丛刊，2017，6（32）：242.

[88] 张继红. 大数据时代高校学生档案管理的挑战与对策探讨 [J]. 办公室业务，2017，5（21）：108.

[89] 字惠云. 高校学生档案管理研究 [D]. 昆明：云南财经大学，2017.

[90] 董惠琴. 就业需求导向背景下的高校学生档案管理研究 [J]. 兰台内外，2017，5（5）：57.

[91] 左章静. 新时期高校学生档案管理工作探析 [J]. 河南医学高等专科学校学报，2017，29（5）：510-511.

[92] 董惠琴. 大数据时代高校学生档案管理的挑战与对策分析 [J]. 兰台世界，2017，5（20）：31-33.

[93] 吴铮. 浅谈高校学生档案管理工作 [J]. 黑龙江档案，2017，5（5）：88.

[94] 张玲玲. 从大学生就业谈民办高校学生档案管理 [J]. 山西青年，2017，4（18）：181+178.

[95] 储华. 高校学生档案管理中信息数字化管理模式应用研究 [J]. 中国管理信息化，2017，20（17）：190-191.

[96] 胡大启，李小兰. 由学生就业探讨高校学生档案管理 [J]. 山东商业职业技术学院学报，2017，17（4）：41-43+85.

[97] 徐琨. 大数据时代高校学生档案管理：机遇、挑战与应对 [J]. 兰台世界，2017，8（15）：51-53.

[98] 罗文婧灵. 就业视角下高校学生档案管理创新研究 [J]. 现代职业教育，2017，8（21）：142-143.

[99] 王爽. 就业与管理需求导向下的高校学生档案管理改革 [J]. 经济研究导刊，2017，7（21）：178-179.

［100］刘大巧．新形势下高校学生档案管理策略探究［J］．云南档案，2017，5（7）：55-58．

［101］杨扬，巫程成．心理资本视角下高校学生档案管理与辅导员职能联动性探究［J］．内蒙古电大学刊，2017，2（4）：37-41．

［102］樊玉凤．关于高校学生档案管理规范化问题研究［J］．山西青年，2017，7（13）：208．

［103］唐红宇．浅析高校学生档案管理的问题与策略［J］．才智，2017，5（19）：152．

［104］李莎莎．浅析高校学生档案管理的现状［J］．知识文库，2017，4（12）：232．

［105］吕亚梅．浅议就业视角下的高校学生档案管理研究［J］．劳动保障世界，2017，2（17）：54+57．

［106］徐志红．高校学生档案管理探讨［J］．兰台内外，2017，9（3）：57-58．

［107］吕亚梅．高校学生档案管理之我见［J］．时代经贸，2017，8（13）：59-61．

［108］房颜．大数据时代高校学生档案管理的挑战与对策研究［J］．办公室业务，2017，7（8）：123．

［109］刘津元．高校学生档案管理问题及解决途径［J］．办公室业务，2017，8（6）：150-151．

［110］谭燕萍．高校学生档案管理模式探讨［J］．城建档案，2017，4（2）：52-54．

［111］曲涛．从干部人事档案角度看高校学生档案管理工作［J］．办公室业务，2017，5（2）：157．

［112］董玉华．民办高校学生档案管理与服务研究［J］．吉林广播电视大学学报，2017，8（1）：39-40．

［113］张文华．信息数字化管理模式在高校学生档案管理中的应用［J］．办公室业务，2017，5（1）：124．

［114］王红．高校学生档案管理现代化的实现路径［J］．赤子（上中旬），2017，5（1）：164．

［115］葛梦薇．浅谈高校学生档案管理工作对于学生就业的作用［J］．延安职业技术学院学报，2016，30（6）：65-66．

［116］雷建筠．浅谈高校学生档案管理工作［J］．运城高等专科学校学报，2000，8（1）：71+73．

［117］徐葳. 以就业需求为导向的高校学生档案管理工作体系的创新研究
［J］. 办公室业务，2016，5（23）：110.

［118］吴洁，李婷. 高校学生档案管理工作创新研究［J］. 办公室业务，
2016，5（23）：112.

［119］李贺龙. 面向就业服务的高校学生档案管理拓展分析［J］. 内江科
技，2016，37（10）：11-12.

［120］郭炜，赵彦君. 从干部人事档案角度看高校学生档案管理工作［J］.
中国培训，2016，4（18）：82.

［121］仝夏蕾，秦虎. 高校学生档案管理的问题反思及对策探析［J］. 思
想政治课研究，2016，5（5）：42-44+41.

［122］王琨. 试论高校学生档案管理工作的新机制——基于弃档死档的视
角［J］. 改革与开放，2016，5（17）：126-128.

［123］牛芙蓉. "互联网+"视域下高校学生档案管理探析［J］. 陕西教
育（高教），2016，5（9）：61.

［124］李秀芝. 高校学生档案管理网络建设构想［J］. 齐齐哈尔大学学报
（哲学社会科学版），2000，4（4）：105-106.

［125］郭炜，朱学波. 高校学生档案管理的现状与发展［J］. 企业改革与
管理，2016，8（16）：191.

［126］黄冬英. 基于分布式数据库的高校学生档案管理系统设计与实现
［D］. 苏州：苏州大学，2016.

［127］戴丽虹. 试论高校学生档案管理［J］. 办公室业务，2016，8
（16）：114.

［128］袁琼. 高校学生档案管理问题及优化路径之研究［J］. 科技展望，
2016，26（23）：249.

［129］蔡敏夫. 浅谈如何做好高校学生档案管理工作［J］. 辽宁工业大学
学报（社会科学版），2016，18（4）：49-51.

［130］马玉妍，宋巍巍. 高校学生档案管理工作创新研究［J］. 边疆经济
与文化，2016，4（8）：109-110.

［131］曹丙贵. 高校学生档案管理模式优化分析［J］. 才智，2016，5
（23）：198.

［132］代微，张洪江. 高校学生档案管理工作探析［J］. 兰台世界，
2016，4（15）：44-45.

［133］彭梅. 就业视角下高校学生档案管理创新研究［J］. 城建档案，
2016，9（7）：60-61.

［134］颜丽娟．新时期高校学生档案管理改革初探［J］．长江丛刊，2016，8（20）：226.

［135］米军．当代高校学生档案管理研究［J］．现代商贸工业，2016，37（14）：51-52.

［136］邬红云．高校学生档案管理中如何实现个人隐私权的保护［J］．城建档案，2016，（6）：65-66.

［137］丁成．信息化背景下加强高校学生档案管理的策略［J］．湘潮（下半月），2016，9（5）：111.

［138］吴玉霞．高校学生档案管理的现状及对策分析［J］．内蒙古师范大学学报（哲学社会科学版），2016，45（3）：174-176.

［139］朱志彤．关于高校学生档案管理和学生就业的研究［J］．新校园（上旬），2016，8（5）：139.

［140］李婷．高校学生档案管理存在的问题及解决对策［J］．黄冈职业技术学院学报，2016，18（2）：75-77.

［141］李彩霞．新时期高校学生档案管理改革探析［J］．求知导刊，2016，7（10）：89.

［142］杜小娟．高校学生档案管理中的问题及对策探析［J］．办公室业务，2016，8（8）：137.

［143］廖颖．高校学生档案管理模式探析［J］．云南档案，2016，8（4）：45-48.

［144］张志强．浅析面向就业服务的高校学生档案管理拓展［J］．内蒙古科技与经济，2016，7（7）：32-33.

［145］邬红云．基于信息化角度高校学生档案管理的新发展［J］．城建档案，2016，8（3）：74-75.

［146］程爱荣．如何发挥高校学生档案管理的育人作用［J］．生物技术世界，2016，7（3）：290.

［147］王耀彬．关于强化高校学生档案管理的思考［J］．读书文摘，2016，5（4）：155-156.

［148］崔延哲，西绕旺姆．高校学生档案管理存在的问题及解决途径——以西藏大学为例［J］．开封教育学院学报，2016，36（2）：211-212.

［149］程爱荣．在高校学生档案管理工作中渗透诚信教育［J］．生物技术世界，2016，9（2）：232.

［150］马英．基于就业导向的高校学生档案管理探析［J］．兰台世界，2016，6（3）：39-41.

[151] 尹晶华，李雪晴，王有敬．当前高校学生档案管理服务大学生就业存在的问题及原因 [J]．办公室业务，2016，6（3）：123.

[152] 杨丽娜．高校学生档案管理存在的问题及解决对策 [J]．办公室业务，2016，8（3）：77.

[153] 谭新．高校学生档案管理现代化的实现路径思考 [J]．城建档案，2016，6（1）：65-66.

[154] 王蕾．高校学生档案管理开发利用工作的再思考——基于高校资源建设的视角 [J]．教育现代化，2016，5（2）：120-121+124.

[155] 赵静．基于高校学生档案管理中隐私权保护的问题 [J]．环球市场信息导报，2016，4（3）：87-88.

[156] 袁晓波．浅析高校学生档案管理中的问题及建议 [J]．办公室业务，2016，8（1）：139.

[157] 李雅玲．实证分析与学术思考：高校学生档案管理优化研究 [J]．池州学院学报，2015，29（6）：126-128.

[158] 尹晶华，孙世一，李雪晴．创新以就业为导向的现代高校学生档案管理 [J]．吉林省教育学院学报（下旬），2015，31（12）：18-19.

[159] 王燕凤．信息化背景下高校学生档案管理工作发展策略探究 [J]．城建档案，2015，5（12）：58-59.

[160] 邬红云．促进就业视角下的高校学生档案管理模式探讨 [J]．城建档案，2015，4（12）：60-62.

[161] 刘岩．浅析高校学生档案管理及其信息化建设 [J]．企业技术开发，2015，34（35）：75-76.

[162] 王秀君．高校学生档案管理工作的问题及对策 [J]．山东档案，2015，6（6）：33+36.

[163] 张建华．高校学生档案管理工作再探讨 [J]．兰台世界，2015，7（35）：70-71.

[164] 杨寅庆．高校学生档案管理工作中的不足与对策 [J]．科技展望，2015，25（32）：205.

[165] 朱金花．论述高校学生档案管理中的隐私权保护 [J]．中小企业管理与科技（中旬刊），2015，（11）：238-239.

[166] 邬红云．浅谈高校学生档案管理存在的问题及对策 [J]．城建档案，2015，5（10）：75-76.

[167] 王豫飞．高校学生档案管理存在的问题及应对措施之我见 [J]．时代教育，2015，4（19）：121.

［168］李白玉．刍议高校学生档案管理面临的问题及解决方法［J］．内蒙古教育（职教版），2015，9（9）：13-14．

［169］张亚萍．浅浅析高校学生档案管理存在的问题与对策［J］．青海教育，2015，7（9）：52-53．

［170］张劲．关于高校学生档案管理现状点滴思考［J］．中华少年，2015，5（21）：200．

［171］梁文辉．基于就业视角的高校学生档案管理创新研究［J］．人才资源开发，2015，8（16）：134．

［172］陈敏．新形势下高校学生档案管理存在的问题及其应对措施［J］．科教文汇（中旬刊），2015，5（8）：124-125．

［173］席杰．试论人才培养视角下的高校学生档案管理［J］．河南科技学院学报，2015，4（8）：48-50．

［174］杨丽娜．大力推进高校学生档案管理模式改革服务毕业生就业［J］．档案天地，2015，5（8）：56-57+47．

［175］赵维佳．高校学生档案管理工作创新的研究［J］．职业技术，2015，14（8）：99-100．

［176］刘佳．基于就业视角的高校学生档案管理创新分析［J］．办公室业务，2015，8（15）：73．

［177］葛梦薇．浅谈高校学生档案管理存在的问题和对策［J］．教育教学论坛，2015，（28）：129-130．

［178］陈红．试论高校学生档案管理的创新［J］．科技展望，2015，25（18）：245．

［179］韩中敏．社会主义核心价值体系融入高校学生档案管理的长效机制探析［J］．商丘职业技术学院学报，2015，14（3）：117-119．

［180］陈红．高校学生档案管理中的问题与对策分析［J］．科技展望，2015，25（17）：217．

［181］苏桃．高校学生档案管理的创新思路［J］．黑龙江档案，2015，9（3）：74-75．

［182］陈晓花．创新以就业服务为导向的高校学生档案管理［J］．人力资源管理，2015，（6）：340．

［183］张峻山．大数据时代高校学生档案管理与利用探讨［J］．黑龙江史志，2015，7（9）：169+171．

［184］钟小宁．提高高校学生档案管理水平的路径探究［J］．亚太教育，2015，5（13）：193+175．

［185］苏桃. 高校学生档案管理工作创新的思考［J］. 陕西档案，2015，2（2）：45.

［186］程爱荣. 高校学生档案管理存在的问题与解决方法［J］. 科学中国人，2015，8（11）：96.

［187］黄程鹏. 论高校学生档案管理的科学化和规范化［J］. 黑龙江史志，2015，7（7）：151-152.

［188］苏桃. 高校学生档案管理的问题分析与对策研究［J］. 浙江档案，2015，5（2）：60.

［189］付娟. 高校学生档案管理存在的问题及对策研究［J］. 赤子（上中旬），2015，1（4）：121.

［190］周怀瑞. 论高校学生档案管理工作［J］. 教育教学论坛，2015，9（6）：21-22.

［191］朱璐婕. 针对高校学生档案管理问题的对策与研究［J］. 办公室业务，2015，7（2）：88.

［192］周莹莹. 新时期高校学生档案管理的时代需求［J］. 读与写（教育教学刊），2015，12（1）：95.

［193］于振宽，吴优. 浅析高校学生档案管理［J］. 吉林广播电视大学学报，2015，12（1）：29-30.

［194］李宏敏. 高校学生档案管理的困境与对策探索［J］. 产业与科技论坛，2015，14（1）：243-244.

［195］张冉妮，杨松平. 大数据时代高校学生档案管理的挑战与对策研究［J］. 兰台世界，2015，2（2）：21-22.

［196］张文华. 浅议如何做好高校学生档案管理工作［J］. 山东广播电视大学学报，2015，8（1）：88-89.

［197］范烨，卢东慧. 加强高校学生档案管理工作新思考［J］. 黑龙江史志，2015，7（1）：266+269.

［198］徐益，周剑辉，申彦舒. 基于就业需求导向的高校学生档案管理体系构建［J］. 湖南人文科技学院学报，2014，8（6）：28-31.

［199］郑瑾. 浅议全面提升高校学生档案管理现代化水平［J］. 常州信息职业技术学院学报，2014，13（6）：94-96.

［200］荣增峰. 高校学生档案管理中的难点及对策［J］. 青海师范大学学报（自然科学版），2014，30（4）：96-98.

［201］张小升，田钰莹. 完善高校学生档案管理中个人隐私权的策略［J］. 兰台世界，2014，73（32）：1+4.

［202］吴亚男．基于通识教育平台的高校学生档案管理工作刍议［J］．中国成人教育，2014，8（20）：49-50.

［203］吴兰娇．做好高校学生档案管理工作的对策［J］．黑龙江档案，2014，8（5）：74.

［204］高敏．高校学生档案管理的改革创新［J］．山东档案，2014，4（5）：40-41.

［205］李雨，张慧．以科学发展观为指导推进高校学生档案管理工作规范化［J］．兰台世界，2014，2（29）：73-74.

［206］庞晓敏．服务就业视角下的高校学生档案管理研究［J］．兰台世界，2014，3（29）：78-79.

［207］张银丹．高校学生档案管理的问题与对策［J］．赤子（上中旬），2014，8（19）：214.

［208］顾杰．以就业为导向的高校学生档案管理方法优化探究［J］．考试周刊，2014，8（72）：169-170.

［209］罗妙．浅议高校学生档案管理［J］．办公室业务，2014，8（17）：110-111.

［210］罗若．信息化背景下加强高校学生档案管理的对策［J］．科技广场，2014，7（8）：195-198.

［211］韩晓玲．论高校学生档案管理工作的服务创新［J］．鸭绿江（下半月版），2014，5（8）：253.

［212］吴兰娇．高校学生档案管理现状分析［J］．城建档案，2014，4（8）：88-89.

［213］石瑛．高校学生档案管理工作存在的问题及对策［J］．黑龙江档案，2014，9（4）：89.

［214］刘丽．高校学生档案管理模式探讨［J］．办公室业务，2014，4（15）：259-260.

［215］陆凤丽．浅谈高校学生档案管理工作创新［J］．轻工科技，2014，30（7）：172-173.

［216］李江红．就业服务视角下高校学生档案管理工作初探［J］．兰台世界，2014，（20）：119-120.

［217］张向民．高校学生档案管理工作存在问题及对策探讨［J］．办公室业务，2014，（13）：205.

［218］曾慧．Excel在高校学生档案管理中的应用［J］．计算机光盘软件与应用，2014，17（9）：219-220.

［219］杨丽．浅析高校学生档案管理工作面临的问题及对策［J］．内蒙古科技与经济，2014，5（11）：159+161.

［220］冯金兰．浅谈高校学生档案管理利用的改革创新［J］．太原城市职业技术学院学报，2014，9（4）：85-86.

［221］刘崇富，张梅．高校学生档案管理及档案流转之我见［J］．昭通学院学报，2014，36（2）：122-124.

［222］庞晓敏．促进大学生就业视域下的高校学生档案管理探析［J］．黑龙江档案，2014，11（2）：128.

［223］张涛，杨飞．以就业为导向的高校学生档案管理方法优化探究［J］．兰台世界，2014，8（11）：19-20.

［224］李红莲．高校学生档案管理的创新工作模式构建［J］．兰台世界，2014，8（11）：74-75.

［225］杜芸莹．论高校学生档案管理所存在的问题与对策［J］．大学教育，2014，4（7）：151-152.

［226］史晓红．加强高校学生档案管理工作之我见［J］．企业家天地（下半月刊），2014，5（3）：56-57.

［227］苏文英．应用型普通本科高校学生档案管理的研究［J］．才智，2014，9（8）：36+39.

［228］李亮，魏东蕊．高校学生档案管理促进就业的有效性探究［J］．兰台世界，2014，7（8）：63-64.

［229］田伟，郑涛．高校学生档案管理现状及改进问题研究［J］．兰台世界，2014，8（8）：66-67.

［230］周庞，祁伟．基于云技术的高校学生档案管理系统优化管理［J］．兰台世界，2014，5（8）：92-93.

［231］孟健．基于高校学生档案管理现状的思考［J］．科技创新导报，2014，11（8）：164.

［232］张雷珍．高校学生档案管理中的隐私权保护分析［J］．办公室业务，2014，3（5）：183-184.

［233］王进．基于．Net的高校学生档案管理系统的设计与实现［D］．成都：电子科技大学，2014.

［234］梁万全．运用现代信息技术有效促进高校学生档案管理［J］．无线互联科技，2014，8（1）：182-183.

［235］孙佳秋．浅析当前高校学生档案管理中存在的问题［J］．科技信息，2013，8（34）：144-145.

［236］马世仙．新时期高校学生档案管理工作探析［J］．商，2013，11（23）：320．

［237］赵晓玲，陈小强．加强高校学生档案管理满足学生就业需求［J］．科技视界，2013，12（34）：238．

［238］刘斌．高校学生档案管理现代化中的问题与对策［J］．河南社会科学，2013，21（12）：92-94．

［239］孙宁．新疆高校学生档案管理工作现状及对策研究［J］．才智，2013，5（31）：138．

［240］康孝菊．浅谈高校学生档案管理［J］．才智，2013，1（30）：146．

［241］余丹．浅谈高校学生档案管理工作的现状及对策［J］．湖北科技学院学报，2013，33（10）：177-178．

［242］尹晶华，姜秀华．改革高校学生档案管理的方案及展望［J］．吉林省教育学院学报（中旬），2013，29（10）：109-110．

［243］康孝菊．论高校学生档案管理工作人员所需具备的素质［J］．办公室业务，2013，9（19）：187．

［244］许翠花．人人网：高校学生档案管理和利用的新途径［J］．山西档案，2013，14（5）：57-60．

［245］李立旭．浅谈高校学生档案管理问题及相关措施［J］．金田，2013，6（9）：375．

［246］宋绍梅．浅谈高校学生档案管理工作创新［J］．科技资讯，2013，5（25）：230．

［247］石亚中．地方高校学生档案管理工作的现状与改革创新［J］．科技创新导报，2013，4（23）：198+200．

［248］宋绍梅．浅谈高校学生档案管理工作创新［J］．科技创新导报，2013，55（22）：241．

［249］朱焕芝，陆尚伟，朱秀春．新时期高校学生档案管理工作［J］．合作经济与科技，2013，4（15）：113．

［250］王静．浅析高校学生档案管理中存在的问题及对策［J］．山西档案，2013，（1）：178-180．

［251］黄艳．基于高校学生档案管理工作的几点思考［J］．湖北经济学院学报（人文社会科学版），2013，10（7）：138-139．

［252］管弦．创新以就业为导向的现代高校学生档案管理［J］．中国档案，2013，5（7）：56-57．

［253］夏先进．以就业服务为核心，强化高校学生档案管理［J］．时代教

育，2013，4（13）：237+239.

　　[254] 王云庆，毛天宇. 论高校学生档案管理的五大原则 [J]. 第一资源，2013，9（3）：88-94.

　　[255] 高鹏. 对高校学生档案管理工作重要性的几点认识 [J]. 邯郸职业技术学院学报，2013，26（2）：91-93.

　　[256] 李宏. 如何做好高校学生档案管理工作 [J]. 黑龙江档案，2013，8（3）：125.

　　[257] 杨红霞. 提高高校学生档案管理水平的理性思考与路径探究 [J]. 统计与管理，2013，7（2）：175-176.

　　[258] 李丽华. 高校学生档案管理及其社会化服务职能 [J]. 武汉纺织大学学报，2013，26（2）：73-75.

　　[259] 李立旭. 分析未来高校学生档案管理及档案管理人才的培养 [J]. 金田，2013，12（4）：386.

　　[260] 侯成万. 浅析高校学生档案管理和隐私权保护问题 [J]. 兰台世界，2013，6（11）：88-89.

　　[261] 陈蓉. 我国高校学生档案管理工作探讨 [J]. 办公室业务，2013，11（7）：180+182.

　　[262] 张岩. 提高高校学生档案管理水平的理性思考 [J]. 兰台世界，2013，12（1）：58.

　　[263] 尹恒宁. 高校学生档案管理与诚信教育 [J]. 兰台世界，2013，8（8）：66-67.

　　[264] 罗金艳. 信息化背景下高校学生档案管理工作的新发展 [J]. 文学教育（中），2013，5（2）：58.

　　[265] 马辉. 运用网络平台推进高校学生档案管理与功能拓展 [J]. 黑龙江档案，2013，9（1）：81.

　　[266] 范爱玲. 基于高校学生档案管理与学生就业关系研究 [J]. 兰台世界，2013，4（5）：35-36.

　　[267] 马佳. 关于高校学生档案管理的思考 [J]. 科技创业家，2013，58（3）：189.

　　[268] 沈潇. 高校学生档案管理工作的现状及对策 [J]. 教育教学论坛，2013，4（5）：19-20.

　　[269] 夏慧. 高校学生档案管理现状与对策思考 [J]. 肇庆学院学报，2013，34（1）：76-78.

［270］朱丽．加强高校学生档案管理做好为大学生就业服务工作［J］．山东档案，2012，2（6）：53-54．

［271］文小琼，张新．对做好高校学生档案管理工作的思考［J］．黑龙江档案，2012，1（6）：105．

［272］刘丽．公务员查档考核与高校学生档案管理优化［J］．兰台世界，2012，8（35）：70-71．

［273］孙彬彬．浅谈高校学生档案管理工作的现状［J］．科技信息，2012，4（34）：471．

［274］熊建文．高校学生档案管理中常见问题及改进系统设计研究［J］．兰台世界，2012，5（32）：43-44．

［275］何琴．高校学生档案管理工作者应具备的素质［J］．考试周刊，2012，12（89）：161．

［276］李立旭．高校学生档案管理的问题与对策［J］．新西部（理论版），2012，9（4）：182．

［277］庄灿．对高校学生档案管理工作的思考［J］．怀化师专学报，2000，9（3）：111-112．

［278］戴秀文．加强高校学生档案管理工作的思考［J］．内江科技，2012，33（10）：14．

［279］杨萍．浅析民办高校学生档案管理的问题与建议［J］．青春岁月，2012，7（20）：82-83．

［280］付春红．高校学生档案管理工作存在的问题和对策［J］．黑龙江档案，2012，8（5）：47．

［281］李萍．小议高校学生档案管理存在的问题及解决措施［J］．青春岁月，2012，（16）：124．

［282］张灵．浅析新时期高校学生档案管理工作者应有的能力素质［J］．科技信息，2012，3（23）：211．

［283］郭海霞．对高校学生档案管理工作的三点反思［J］．长治学院学报，2012，29（4）：116-117．

［284］努吉娅．高校学生档案管理问题及对策研究［J］．长治学院学报，2012，29（4）：118-119．

［285］万红．论现代信息技术对高校学生档案管理的影响［J］．兰台世界，2012，8（23）：55-56．

［286］李群，高红雁．如何加强高校学生档案管理［J］．民营科技，2012，7（7）：193．

[287]陈育涛，宋红彬．新疆高校学生档案管理的价值分析［J］．价值工程，2012，31（19）：269-270.

[288]刘杨，王鹤．浅谈高校学生档案管理面临的新问题和解决方法［J］．东方企业文化，2012，8（13）：271.

[289]原颖蓓，倪慧敏．高校学生档案管理模式探讨［J］．科技情报开发与经济，2012，22（12）：107-109.

[290]邴如全．浅析新时期高校学生档案管理存在的问题及对策［J］．甘肃广播电视大学学报，2012，22（2）：78-79.

[291]周昌平．浅谈高校学生档案管理［J］．黑龙江档案，2012，8（3）：91.

[292]白丽．基于就业需求的高校学生档案管理研究［J］．兰台世界，2012，7（17）：36-37.

[293]王桂岩．高校学生档案管理工作探讨［J］．赤峰学院学报（自然科学版），2012，28（11）：169-170.

[294]彭娟．高校学生档案管理应进一步完善［J］．经济师，2012，9（6）：96-97.

[295]姜韬．高校学生档案管理中"乱象"的分析与对策［J］．黑龙江科技信息，2012，7（15）：122.

[296]王咏梅．论高校学生档案管理员的能力提升［J］．湖北成人教育学院学报，2012，18（3）：36-37+51.

[297]陈丹．浅谈高校学生档案管理创新［J］．现代企业教育，2012，8（10）：48.

[298]任洁，乔茂有．对高校学生档案管理的思考［J］．吉林广播电视大学学报，2012，7（5）：108-109.

[299]江小华．在高校学生档案管理工作中渗透诚信教育［J］．南昌教育学院学报，2012，27（4）：53-54.

[300]吴瑞娟．高校学生档案管理工作问题的探索与对策研究［J］．科学大众（科学教育），2012，8（4）：142.

[301]褚立平．做好高校学生档案管理工作的几点建议［J］．黑龙江档案，2012，17（2）：139.

[302]陈秋婉．论高校学生档案管理工作的规范与实施［J］．湖北广播电视大学学报，2012，32（4）：155-156.

[303]叶景青．试论高校学生档案管理与学生就业工作［J］．贺州学院学报，2012，28（1）：117-119.

［304］马洁，佟丞，刘卫智．高校学生档案管理存在的问题及对策研究［J］．石家庄学院学报，2012，14（2）：115-117.

［305］孙秀丽．高校学生档案管理工作存在的问题及对策［J］．开封教育学院学报，2012，32（1）：115-116.

［306］高红梅．高校学生档案管理［J］．职业，2012，8（8）：100-101.

［307］宋新宇．高校学生档案管理中的隐私权保护研究［J］．兰台世界，2012，7（8）：63-64.

［308］云雪．高校学生档案管理存在的问题及对策［J］．青年文学家，2012，3（4）：233.

［309］李瑞．新形势下做好高校学生档案管理工作的思考［J］．新西部（理论版），2012，5（3）：147.

［310］王建．高校学生档案管理问题与对策研究［J］．成功（教育），2012，44（2）：210.

［311］刘冬梅．高校学生档案管理工作的现状与对策研究［J］．中外企业家，2012，55（2）：80-81.

［312］李雅丽．高校学生档案管理的问题与建议［J］．办公室业务，2012，1（1）：22+29.

［313］倪迎华．规范高校学生档案管理推进毕业生就业［J］．兰台世界，2011，12（30）：50-51.

［314］王爽．加强高校学生档案管理为大学生就业服务［J］．中国外资，2011，7（22）：200.

［315］雷亚旭，梁文丽．改进高校学生档案管理为学生就业提供更好服务［J］．华北煤炭医学院学报，2011，13（6）：868-869.

［316］林霞．创新高校学生档案管理工作探略［J］．成功（教育），2011，8（21）：166-167.

［317］马志波．高校学生档案管理工作之我见［J］．兰台内外，2011，7（5）：25.

［318］肖囡．高校学生档案管理工作中存在的问题及建议［J］．科技信息，2011，5（27）：617.

［319］赵淑惠．论高校学生档案管理工作［J］．科技资讯，2011，4（25）：242.

［320］梁增智．高校学生档案管理存在问题与应对措施［J］．陕西档案，2011，5（4）：29.

［321］李燕．新时期高校学生档案管理工作探析［J］．长治学院学报，

2011，28（4）：123-124.

[322] 练红珍. 高校学生档案管理工作的问题与对策研究 [J]. 黑龙江档案，2011，3（4）：102-103.

[323] 杨莉，江新. 高校学生档案管理工作探析 [J]. 黑龙江档案，2011，9（4）：80.

[324] 黄华. 浅议高校学生档案管理工作 [J]. 科技信息，2011，5（23）：609+623.

[325] 张宝爱，李富忠. 高校学生档案管理存在问题及发展对策刍议 [J]. 山西档案，2011，4（1）：86.

[326] 郭杨. 降低高校学生档案管理成本的路径分析 [J]. 洛阳师范学院学报，2011，30（7）：98-100.

[327] 韩晴. 浅谈改进高校学生档案管理工作的几点措施 [J]. 青春岁月，2011，6（12）：103.

[328] 杨萍. 目前高校学生档案管理的困境及对策剖析 [J]. 山东纺织经济，2011，（6）：114-116.

[329] 单小芳，叶志敏. 高校学生档案管理存在的问题及解决对策 [J]. 黑龙江档案，2011，4（3）：138.

[330] 陈辉. 做好高校学生档案管理工作的主要措施 [J]. 黑龙江档案，2011，5（3）：46.

[331] 尹翔. 试析高校学生档案管理工作的现状及创新举措 [J]. 潍坊学院学报，2011，11（3）：151-152.

[332] 许向东. 关于高校学生档案管理的思考 [J]. 机电兵船档案，2011，8（3）：47-49.

[333] 郭怀珍. 浅析高校学生档案管理工作 [J]. 新西部（下旬. 理论版），2011，7（5）：142+157.

[334] 李佳欣. 浅谈高校学生档案管理之我见 [J]. 黑龙江交通科技，2011，34（5）：82.

[335] 孙巍. 浅析高校学生档案管理工作的问题及对策 [J]. 才智，2011，6（12）：314.

[336] 刘晓玲. 论高校学生档案管理 [J]. 衡阳师范学院学报，2011，32（2）：170-171.

[337] 张家英. 加强高校学生档案管理的思考 [J]. 办公自动化，2011，8（8）：30+44.

［338］王静如．关于高校学生档案管理工作的思考［J］．科技创新导报，2011，7（11）：213.

［339］袁璟瑾．浅谈高校学生档案管理现状及对策［J］．文理导航（上旬），2011，4（4）：75.

［340］程爱荣．浅议高校学生档案管理［J］．合作经济与科技，2011，6（7）：50-51.

［341］石冰．高校学生档案管理的现状及对策［J］．内蒙古科技与经济，2011，4（6）：141-142.

［342］赵永峰．浅谈高校学生档案管理［J］．湖北成人教育学院学报，2011，17（2）：37-39.

［343］杜文娟．对高校学生档案管理工作的思考［J］．学理论，2011，5（6）：170-172.

［344］李卫忠．成人高校学生档案管理存在的问题及对策研究［J］．内蒙古财经学院学报（综合版），2011，9（1）：19-22.

［345］张艳芳．浅析高校学生档案管理的现状［J］．中国冶金教育，2011，9（1）：78-80.

［346］郭蓉．高校学生档案管理的创新与大学生就业［J］．通化师范学院学报，2011，32（2）：75-76.

［347］江芳，陆惠．提高高校学生档案管理工作水平［J］．科技创新导报，2011，5（5）：189.

［348］张春杏．浅议高校学生档案管理改革——从人事档案的弃档、死档现象谈起［J］．劳动保障世界（理论版），2011，4（2）：56-58.

［349］李真．高校学生档案管理工作的现状分析及对策［J］．云南档案，2011，8（1）：46-47.

［350］韩春．高校学生档案管理中存在的问题及改进方法［J］．长春教育学院学报，2010，26（6）：79-80.

［351］万艳梅．探索高校学生档案管理的新思路［J］．兰台世界，2010，2（2）：96.

［352］刘丽华．高校学生档案管理工作中存在的问题及对策［J］．内蒙古科技与经济，2010，5（23）：81-82.

［353］林淑华．新时期高校学生档案管理之我见［J］．黑龙江档案，2010，5（6）：77.

［354］周继娥．高校学生档案管理工作浅议［J］．湘潮（下半月），2010，4（11）：71+47.

［355］杨杰．高校学生档案管理创新探析［J］．云南档案，2010，7（11）：50-51.

［356］于基伯，侯德伟．高校学生档案管理的就业服务功能研究［J］．兰台世界，2010，8（22）：39-40.

［357］刘照．Flash技术在高校学生档案管理系统中的应用［J］．电脑知识与技术，2010，6（32）：9111-9112.

［358］杨博．高校学生档案管理工作存在的问题与对策［J］．科技信息，2010，5（32）：819-820.

［359］侯淑萍．浅析高校学生档案管理数字化［J］．山东广播电视大学学报，2010，5（4）：69-70.

［360］毕伟．浅谈发挥高校学生档案管理作用的途径［J］．机电兵船档案，2010，4（5）：52-53.

［361］康增瑞，张洪玮．信息化背景下高校学生档案管理工作的新思路［J］．科技情报开发与经济，2010，20（28）：127-128.

［362］戴典芬．就业视角下的高校学生档案管理创新研究［J］．金陵科技学院学报（社会科学版），2010，24（3）：86-89.

［363］封璟．高校学生档案管理中的隐私权保护［D］．重庆：西南政法大学，2010.

［364］夏文．高校学生档案管理的问题及发展方向［J］．北京档案，2010，8（9）：21-22.

［365］钟紫．高校学生档案管理系统的设计［J］．成功（教育），2010，7（9）：211.

［366］王蕾．加强高校学生档案管理，服务学生成长成才［J］．文教资料，2010，4（26）：177-178.

［367］黄敏敏．如何发挥高校学生档案管理的育人作用［J］．科教导刊（上旬刊），2010，11（17）：218-219.

［368］昌晶．试论新时期高校学生档案管理［J］．商场现代化，2010，14（24）：219.

［369］韩春．关于高校学生档案管理的几点思考［J］．吉林省经济管理干部学院学报，2010，24（4）：117-119.

［370］刘帅伟．新时期高校学生档案管理工作存在问题及对策［J］．安阳师范学院学报，2010，4（4）：154-156.

［371］徐静娟．贯彻27号令，完善高校学生档案管理工作［J］．档案与建设，2010，88（8）：54-55.

［372］孙永妍．高校学生档案管理工作浅析［J］．黑龙江档案，2010，7（4）：34.

［373］刘美玲．开创高校学生档案管理工作新局面的思考［J］．科技情报开发与经济，2010，20（22）：112-114.

［374］姜华．从重视新生入学环节加强高校学生档案管理［J］．科技信息，2010，3（22）：452.

［375］徐蕉．高校学生档案管理浅析［J］．浙江档案，2010，1（7）：42.

［376］王琴．对高校学生档案管理工作的几点认识［J］．黑龙江档案，2010，8（3）：29.

［377］李红冠，张志超．强化高校学生档案管理服务大学生成长成才［J］．新西部，2010，8（5）：146+124.

［378］钟镇吉，黄兆媛．对高校学生档案管理工作的探讨［J］．新课程（教育学术），2010，7（5）：214.

［379］罗红飞．高校学生档案管理若干问题思考［J］．当代教育理论与实践，2010，2（2）：121-124.

［380］肖连勤．高校学生档案管理工作创新［J］．黑龙江教育（高教研究与评估），2010，8（3）：49-50.

［381］李洪兰．高校学生档案管理中存在的问题及其对策［J］．青海民族大学学报（教育科学版），2010，30（2）：126-128.

［382］何素芳．当前高校学生档案管理存在的问题与对策［J］．福建教育学院学报，2010，11（1）：117-119.

［383］霍雄飞．就业服务视角下的高校学生档案管理研究［J］．档案与建设，2010，（2）：40-42.

［384］马玉妍．浅析高校学生档案管理工作［J］．黑龙江档案，2010，8（1）：50.

［385］李红．浅谈高校学生档案管理与大学生就业［J］．潍坊学院学报，2010，10（1）：156-157.

［386］哈小琴．论当前形势下的高校学生档案管理［J］．档案，2010，7（1）：58.

［387］段薇薇．创新高校学生档案管理促进大学生就业［J］．连云港职业技术学院学报，2009，22（4）：76-78.

［388］李妍．高校学生档案管理工作探析［J］．沧桑，2009，12（6）：164-165.

［389］赵玉．高校学生档案管理工作的现状与对策［J］．陕西档案，

2009，（6）：42.

[390] 李玉娥. 探析高校学生档案管理存在的问题及对策 [J]. 济宁学院学报，2009，30（6）：107-108.

[391] 于美亚. 浅淡高校学生档案管理 [J]. 辽宁教育行政学院学报，2009，26（12）：21+23.

[392] 郭立新. 高校学生档案管理实践探索 [J]. 黑龙江档案，2009，8（6）：45.

[393] 刘秀芬. 浅谈高校学生档案管理中的诚信问题 [J]. 黑龙江档案，2009，2（6）：58.

[394] 潘冬梅. 高校学生档案管理工作刍议 [J]. 黑龙江省政法管理干部学院学报，2009，1（6）：159-160.

[395] 朱继荣. 对高校学生档案管理的思考 [J]. 山西广播电视大学学报，2009，14（6）：102-103.

[396] 刘林兵. 浅议高校学生档案管理的问题及对策 [J]. 山东电力高等专科学校学报，2009，12（5）：50-51.

[397] 陈丹. 当前高校学生档案管理工作者应具备的能力素质 [J]. 中国新技术新产品，2009，8（19）：258.

[398] 姜慧. 浅论高校学生档案的管理工作 [J]. 考试周刊，2009，8（40）：198-199.

[399] 娄微微，闫霜. 加强高校学生档案管理工作策略浅析 [J]. 黑龙江档案，2009，7（5）：49.

[400] 黄文华. 浅谈高校学生档案管理 [J]. 广西广播电视大学学报，2009，20（3）：102-104.

[401] 李淑艳. 加强高校学生档案管理服务大学生就业 [J]. 云南档案，2009，5（9）：37-38.

[402] 王言锋. 信息时代下加强高校学生档案管理之我见 [J]. 今日科苑，2009，3（17）：109.

[403] 李炽英. 新形势下高校学生档案管理工作刍议 [J]. 湘南学院学报，2009，30（4）：122-124.

[404] 丘如华. 强化高校学生档案管理的思考 [J]. 广西社会科学，2009，9（8）：133-136.

[405] 豆亚飞. 浅析高校学生档案管理的问题与对策 [J]. 科教文汇（中旬刊），2009，7（8）：229.

［406］娄翠英．加强高校学生档案管理的意义及对策［J］．黑龙江史志，2009，8（15）：70+72．

［407］彭子菊．如何做好高校学生档案管理工作［J］．黑龙江档案，2009，3（4）：40．

［408］郑布光．严峻就业形势下高校学生档案管理初探［J］．中国电力教育，2009，4（13）：163-165．

［409］喻啸，韩丽，陈锐钊．试论当前高校学生档案管理存在的问题［J］．才智，2009，5（19）：283．

［410］王伟．高校学生档案管理现状及对策研究［J］．北京档案，2009，3（5）：25．

［411］苗晓辉，崔金平．高校学生档案管理对策研究［J］．长春大学学报，2009，19（4）：100-101．

［412］张营．关于新时期高校学生档案管理工作的思考［J］．考试周刊，2009，8（17）：172-173．

［413］陈美清．高校学生档案管理中的问题与应对措施［J］．兰台世界，2009，7（8）：46-47．

［414］李艳玲．高校学生档案管理浅议［J］．档案管理，2009，1（2）：87．

［415］王伟．高校学生档案管理工作现状与对策［J］．现代企业教育，2009，2（4）：135-136．

［416］鲍贝贝．也谈高校学生档案管理［J］．科技资讯，2009，9（5）：220-221．

［417］张琳．高校学生档案管理的问题与建议［J］．商场现代化，2009，8（3）：399．

［418］沈道波．高校学生档案管理的现状及对策［J］．徐州教育学院学报，2008，23（4）：242-243．

［419］魏义婕．浅谈高校学生档案管理的品德教育资源［J］．科技资讯，2008，8（36）：173．

［420］谭建敏．加强高校学生档案管理，强化就业服务功能［J］．科技资讯，2008，5（36）：202．

［421］王博．论高校学生档案管理制度改革的必要性［J］．甘肃广播电视大学学报，2008，18（4）：90-91．

［422］侯芸子，张龙．高校学生档案管理的现状与对策［J］．丽水学院学报，2008，30（6）：126-128．

［423］林莉．关于加强高校学生档案管理制度化的思考［J］．中国电力教育，2008，5（23）：204-205．

［424］刘莉娟．高校学生档案管理工作面临的问题及对策［J］．咸阳师范学院学报，2008，4（6）：121-123．

［425］张克玉．高校学生档案管理的几点思考［J］．内蒙古师范大学学报（哲学社会科学版），2008，37（3）：126-127．

［426］叶群芳．新形势下高校学生档案管理的对策研究［J］．中国科教创新导刊，2008，5（32）：213-214．

［427］曹麦宁．浅谈高校学生档案管理如何服务于毕业生就业工作［J］．陕西档案，2008，4（5）：36-38．

［428］张绍英．新形势下加强高校学生档案管理工作的思考［J］．才智，2008，9（19）：115．

［429］罗春叶．高校学生档案管理存在的问题及对策［J］．百色学院学报，2008，8（4）：138-140．

［430］李凤琴．高校学生档案管理中存在的问题及对策［J］．档案，2008，7（4）：27-28．

［431］高宏．从大学生就业谈高校学生档案管理［J］．中国大学生就业，2008，8（14）：9-10．

［432］陶中．创新高校学生档案管理，服务大学生就业的探索［J］．科技信息（科学教研），2008，3（21）：631-632．

［433］周蕾蕾．当前高校学生档案管理工作研究［J］．科技信息（科学教研），2008，2（21）：301．

［434］高宏．试论高校学生档案管理与毕业生就业［J］．山东档案，2008，1（3）：49-50．

［435］高平茹．新时期下高校学生档案管理存在的问题及解决办法探讨［J］．商情（科学教育家），2008，9（5）：72．

［436］杨笑雄．加强高校学生档案管理提高学生工作管理水平［J］．湖北广播电视大学学报，2008，8（4）：47-48．

［437］陈金红，陈峰．规范高校学生档案管理服务学生就业［J］．中国科技信息，2008，7（8）：178+180．

［438］王梅芳．用户需求：高校学生档案管理的导向原则［J］．档案时空，2008，5（4）：39-40．

［439］王胜洪．高校学生档案管理探讨［J］．黑龙江档案，2008，2（2）：24-25．

［440］杨笑雄．高校学生档案管理规范化问题研究［J］．安阳工学院学报，2008，6（1）：126-128．

［441］侯英杰．新时期高校学生档案管理改革初探［J］．兰台世界，2008，8（4）：33-34．

［442］姜海燕．新形势下高校学生档案管理工作的现状及对策思考［J］．时代人物，2008，7（2）：22-23．

［443］杨莉．浅谈高校学生档案管理工作［J］．云南档案，2008，5（1）：39-40．

［444］王凌华．高校学生档案管理中的问题与对策［J］．产业与科技论坛，2007，3（12）：187-188．

［445］韩春．高校学生档案管理体制存在的问题及改进策略［J］．长春大学学报，2007，8（11）：164-165．

［446］侯丽丽．建立高校学生档案管理制度的分析［J］．兰台世界，2007，8（20）：40-41．

［447］陈玲．如何改进和加强高校学生档案管理［J］．咸宁学院学报，2007，4（5）：195．

［448］梁军，郑香珍．创新高校学生档案管理模式为学生就业服务［J］．兰台世界，2007，5（19）：47-48．

［449］申存修．加强高校学生档案管理工作，适应就业制度改革［J］．科技信息（科学教研），2007，2（26）：235．

［450］王郁华．高校学生档案管理新思路探讨［J］．兰台世界，2007，8（17）：19-20．

［451］付红．谈新形势下高校学生档案管理工作［J］．林区教学，2007，7（1）：24-25．

［452］罗爱辉．关于高校学生档案管理工作的思考［J］．湖南人文科技学院学报，2007，（4）：170-172．3

［453］赵和选，李养民，牛函娟．高校学生档案管理工作的思考［J］．科技情报开发与经济，2007，8（23）：236-237．

［454］陈莹．关于高校学生档案管理工作的几点思考［J］．福建教育学院学报，2007，7（7）：40-41．

［455］高淑侠．对高校学生档案管理方法的探讨［J］．徐州教育学院学报，2007，5（2）：141-142．

［456］贺红香．试论高校学生档案管理的数字化网络化［J］．企业技术开发，2007，4（6）：105-107．

［457］王艳玲．高校学生档案管理工作存在的问题及其对策［J］．科技信息（科学教研），2007，5（16）：491+488.

［458］唐江宁．浅议高校学生档案管理［J］．湖南医学高等专科学校学报，2000，8（1）：66-67.

［459］贺红香．高校学生档案管理存在问题及对策［J］．山西档案，2007，5（2）：43-44.

［460］王燕．略论以人为本与高校学生档案管理［J］．中国西部科技（学术），2007，4（4）：121-122+116.

［461］任永辉．高校学生档案管理工作的现状及对策［J］．长春理工大学学报（高教版），2007，5（1）：183-184.

［462］唐巍伟．基于B/S模式探讨高校学生档案管理工作［J］．黑龙江科技信息，2007，2（6）：147.

［463］徐向玲．增强创新意识做好高校学生档案管理［J］．中国成人教育，2007，5（6）：85-86.

［464］汤伟．浅析高校学生档案管理［J］．兰台世界，2007，4（6）：50-51.

［465］韩振英．论高校学生档案管理与大学生就业［J］．中国成人教育，2007，5（3）：64-65.

［466］曹文玲．浅谈高校学生档案管理［J］．云南档案，2007，8（1）：55-56.

［467］王丽娣．不容忽视的高校学生档案管理工作［J］．兰台世界，2007，7（1）：13.

［468］常欣．高校学生档案管理之我见［J］．忻州师范学院学报，2006，4（6）：128-130.

［469］彭凌．高校学生档案管理工作存在的问题及对策［J］．重庆科技学院学报，2006，5（4）：159-160.

［470］韩变琴．高校学生档案管理三阶段［J］．山西档案，2006，8（5）：38-39.

［471］高淑侠．浅谈高校学生档案管理［J］．徐州工程学院学报，2006，5（10）：85-87.

［472］陆苏榕．当前高校学生档案管理的新问题［J］．九江学院学报（自然科学版），2006，4（3）：103-104.

［473］张颖娜．浅谈高校学生档案管理［J］．陕西档案，2006，5（4）：22-23.

[474] 倪迎华，刘昊，陈攀峰．高校学生档案管理存在的问题及应对措施 [J] ．河北科技师范学院学报（社会科学版），2006，2（2）：112-114．

[475] 苏文英．浅谈高校学生档案管理 [J] ．常州工学院学报，2006，5（3）：94-96．

[476] 张明英．高校学生档案管理的现状及对策 [J] ．百色学院学报，2006，4（3）：122-124．

[477] 李冠英．高校学生档案管理的改革 [J] ．兰台世界，2006，7（5）：47-48．

[478] 王忠泽．高校学生档案管理中存在的问题及完善措施 [J] ．重庆科技学院学报，2006，9（1）：132-134．

[479] 王广昌．试论高校学生档案管理 [J] ．齐齐哈尔师范学院学报（哲学社会科学版），1997，4（6）：130-131．

[480] 周芳莉．高校学生档案管理的问题与对策 [J] ．成都大学学报（社会科学版），2005，5（5）：107-108．

[481] 王学军，刘利东．高校学生档案管理数字化研究 [J] ．赤峰学院学报（自然科学版），2005，5（4）：69-75．

[482] 刘美玲．对高校学生档案管理工作的思考 [J] ．科技情报开发与经济，2005，7（14）：212-213．

[483] 郭莉．高校学生档案管理的几点思考 [J] ．中国成人教育，2005，8（7）：62．

[484] 周英俊．试论如何加强高校学生档案管理工作 [J] ．兰台世界，2005，57（10）：31．

[485] 金鑫．从大学生就业谈高校学生档案管理 [J] ．办公室业务，2005，7（2）：39-41．

[486] 周冀，孙碧燕．高校学生档案管理要转变观念 [J] ．兰台内外，2005，5（2）：44-45．

[487] 王德欣．高校学生档案管理的新思路 [J] ．兰台世界，2005，5（8）：68-69．

[488] 苏世芬，彭宝光．高校学生档案管理探索 [J] ．中国科技信息，2005，9（6）：153．

[489] 郑桂华，乔茂有，关杰．浅谈新形势下高校学生档案管理 [J] ．兰台内外，2004，13（5）：42-43．

[490] 金鑫．从大学生就业谈高校学生档案管理 [J] ．办公室业务，2004，9（1）：46-47+39．

［491］董娟，李红梅，张传新．高校学生档案管理工作存在的问题及对策［J］．山东农业大学学报（社会科学版），2003，5（4）：91-92.

［492］关杰，蔺凤春，郑桂华．谈高校学生档案管理［J］．兰台内外，2002，8（1）：34-35.

［493］唐江宁．知识经济时代的高校学生档案管理［J］．湖南医学高等专科学校学报，2001，7（2）：37-38.

［494］王亚明．加强高校学生档案管理的几点思考［J］．淮阴师范学院学报（哲学社会科学版），2000，6（6）：123-124+128.

第六章　高校档案信息化建设

高校档案信息化建设文献的编纂成果如下：

［1］赵瑛月．大数据背景下的高校人事档案信息化建设研究［J］．科技资讯，2022，20（7）：16-18．

［2］徐海军．高校干部人事档案管理信息化建设的几点思考——评《档案信息化建设的理论与实践研究》［J］．中国科技论文，2022，17（3）：366．

［3］廖秀娟．大数据环境下的高校档案信息化管理［J］．兰台内外，2022，8（6）：76-78．

［4］张栩瑞．"互联网+"背景下高校档案信息化管理刍议［J］．兰台内外，2022，7（3）：42-44．

［5］贾喜华．大数据背景下高校档案管理信息化建设思考［J］．文化学刊，2022，8（1）：181-184．

［6］贾爱莲．新时代高校干部人事档案信息化建设探究［J］．办公室业务，2021，7（24）：117+172．

［7］刘小雪．新《档案法》背景下高校档案信息化建设探究［J］．城建档案，2021，8（12）：30-31．

［8］吕梦莹．新时代背景下高校干部人事档案信息化建设探析［J］．城建档案，2021，3（12）：35-36．

［9］阮晶晶，李觅．云计算在高校档案信息化建设中的应用探究［J］．城建档案，2021，14（12）：42-43．

［10］徐微微．高校档案信息化及数字化档案室建设研究［J］．吉林化工学院学报，2021，38（12）：67-69．

［11］侯潇．大数据环境下高校档案信息化管理研究［J］．无线互联科技，2021，18（23）：32-33．

［12］韩宇亮，孟蔷，赵瑞红．高校档案信息化安全运维管理研究［J］．办公室业务，2021，8（23）：89-91．

［13］刘少朋，雷晓蓉，杨雯．高校档案信息化安全体系建设中存在的问题与应对策略［J］．机电兵船档案，2021，7（6）：62-64．

［14］张云昌．5G互联时代高校档案管理信息化建设分析［J］．软件，

2021，42（11）：169-171.

　　［15］史继峰，侯芳芳. 大数据背景下高校党员档案管理信息化建设路径研究［J］. 数据，2021，8（11）：89-91.

　　［16］张虹，李莹. 大数据视域下高校人事档案信息化建设分析［J］. 中国多媒体与网络教学学报（中旬刊），2021，42（11）：170-172.

　　［17］黄丹妮，周小宝. 大数据下高校干部人事档案信息化建设研究［J］. 黑龙江档案，2021，78（5）：64-65.

　　［18］张美英. 高校档案信息化管理模式改革创新思路和措施［J］. 黑龙江档案，2021，5（5）：70-71.

　　［19］许丽萍. 高校干部人事档案管理信息化建设的几点思考［J］. 黑龙江档案，2021，4（5）：74-75.

　　［20］廖利香. 地方高校档案信息化建设实证研究——以湖南科技学院为例［J］. 黑龙江档案，2021，5（5）：276-277.

　　［21］李金中. 数字化转型背景下高校档案信息化路径及实践——以四川大学为例［J］. 四川档案，2021，3（5）：32-34.

　　［22］储华. 基于"互联网+"背景下高校档案信息化建设分析［J］. 文化产业，2021，24（29）：29-31.

　　［23］朱颜郴. 智慧校园背景下高校学籍档案信息化建设的探讨［J］. 兰台内外，2021，5（29）：16-18.

　　［24］刘露. 《档案法》背景下的高校档案信息化建设研究［J］. 兰台世界，2021，5（10）：73-76.

　　［25］李文琼. 大数据时代背景下高校档案信息化建设探究［J］. 兰台内外，2021，4（28）：1-3.

　　［26］张悦. 大数据时代下高校科技档案资源信息化建设研究［J］. 电子元器件与信息技术，2021，5（9）：18-20.

　　［27］黄丹妮. 新冠肺炎疫情背景下高校档案信息化建设的思考［J］. 办公室业务，2021，6（18）：120+147.

　　［28］随凤华. "互联网+"背景下高校设备档案管理信息化建设研究［J］. 城建档案，2021，5（9）：19-20.

　　［29］王小萍. 大数据时代下的高校人事档案管理信息化建设探讨［J］. 兰台内外，2021，4（26）：10-12.

　　［30］曹淑坤. 影响高校档案信息化建设的因素及策略探究［J］. 办公室业务，2021，8（17）：86-87.

［31］张春艳．高校人事档案管理信息化建设的价值分析［J］．中国新通信，2021，23（17）：115-116．

［32］尹月．大数据背景下高校教学档案信息化建设现状及对策研究［J］．城建档案，2021，4（8）：22-23．

［33］张莉．基于智慧校园背景下的高校档案信息化建设研究［J］．城建档案，2021，5（8）：24-25．

［34］张雪．数字化时代高校档案管理信息化建设探析［J］．传媒论坛，2021，4（15）：143-144．

［35］石贞贞．高校档案管理工作的信息化建设探究［J］．兰台内外，2021，6（22）：1-3．

［36］银冬冬．构建大数据时代高校档案信息化管理体系的实践探索［J］．信息记录材料，2021，22（8）：201-203．

［37］张羽．高校档案管理信息化建设初探——基于二级学院档案员视角［J］．教师，2021，8（21）：19-20．

［38］马菲菲．新时代背景下高校干部人事档案信息化建设路径研究［J］．黄河水利职业技术学院学报，2021，33（3）：92-95．

［39］杨杰．新时代高校学生档案信息化建设［J］．继续教育研究，2021，8（7）：110-112．

［40］杨杰．新时代高校学生档案信息化建设［J］．继续教育研究，2021，7（7）：151-153．

［41］贾正，李璞金．新《档案法》背景下的高校档案信息化建设［J］．兰台世界，2021，5（7）：73-75．

［42］周矗．新《档案法》背景下推动高校廉政档案信息化建设的思考［J］．兰台世界，2021，4（7）：83-85．

［43］方小丽．智慧校园背景下高校档案信息化建设研究［J］．兰台世界，2021，9（7）：66-69．

［44］田璐．大数据时代背景下高校档案信息化建设探究［J］．兰台内外，2021，8（18）：37-38．

［45］郭东花．基于新冠肺炎疫情下高校档案信息化建设的认知与思考［J］．陕西档案，2021，7（3）：38-39．

［46］王向敏．高校会计档案信息化建设探析［J］．黑龙江档案，2021，8（3）：68-69．

［47］贾爱莲．新时代高校干部人事档案信息化建设探讨［J］．黑龙江档案，2021，6（3）：138-139．

［48］张华容．以校园网为依托推动高校档案信息化建设［J］．办公室业务，2021，5（11）：89-90．

［49］张仁芬．大数据时代地方高校档案信息化管理的现实问题与推进策略探讨［J］．兰台内外，2021，5（16）：4-6．

［50］辛克盛，王永红．人力资源管理视角下的高校人事档案信息化建设［J］．办公室业务，2021，3（10）：107-108．

［51］惠红婷．大数据时代高校档案信息化建设的策略分析［J］．办公室业务，2021，4（9）：78-79．

［52］张华容．高校档案信息化建设的误区及对策［J］．办公室业务，2021，8（9）：82-83．

［53］辛华，刘晓萌．高校人事档案管理信息化建设的价值分析［J］．信息记录材料，2021，22（5）：178-179．

［54］欧阳满兮．大数据环境下高校档案信息化建设研究［J］．办公室业务，2021，5（8）：109-110．

［55］赵丽华．高校文书档案信息化建设探究［J］．城建档案，2021，4（4）：31-32．

［56］张红，庞波．大数据视域下高校人事档案信息化建设研究［J］．兰台内外，2021，5（10）：7-9．

［57］陈艳．基于大数据的高校档案管理信息化建设探讨［J］．山西青年，2021，1（6）：77-78．

［58］索晓欣．地方性高校档案信息化管理的对策剖析［J］．文化产业，2021，8（8）：114-115．

［59］金锋．高校档案信息化建设的影响因素及解决策略研究［J］．兰台内外，2021，9（8）：10-12．

［60］黄丹妮，周小宝．广西高校干部人事档案信息化建设现状与策略［J］．广西教育，2021，4（11）：24-26．

［61］杨咪咪．基于大数据环境下的高校档案信息化建设分析［J］．兰台内外，2021，8（5）：7-9．

［62］蒋丽林．高校财务档案信息化建设探究［J］．黑龙江档案，2021，7（1）：194-195．

［63］童俊．"互联网+"背景下高校档案信息化建设路径研究［J］．办公室业务，2021，3（2）：89-90．

［64］张红．高校档案管理信息化建设探究［J］．城建档案，2021，4（1）：40-41．

［65］张茉．浅析高校档案信息化建设中的保密管理工作［J］．保密科学技术，2021，5（1）：63-66.

［66］魏建云．高校档案信息化建设与服务创新的思考思路构建［J］．文化产业，2021，8（1）：91-92.

［67］欧阳满兮．刍议高校档案信息化建设策略［J］．兰台内外，2021，8（1）：13-15.

［68］周春娜．大数据环境下高校档案信息化建设研究［J］．信息记录材料，2021，22（1）：136-137.

［69］陈青娇．大数据时代高校档案的信息化建设探析［J］．数字通信世界，2021，7（1）：222-223.

［70］金财财．民办高校档案信息化现状及初期建设探讨［J］．兰台内外，2020，9（36）：59-60.

［71］苗启慧．数字化时代高校档案管理信息化建设分析［J］．陕西档案，2020，3（6）：52-54.

［72］史秀波．"互联网+"时代高校档案信息化管理的探讨［J］．白城师范学院学报，2020，34（6）：126-128.

［73］章芳芳．着力推动高校档案信息化建设进程——以江苏食品药品职业技术学院60周年校庆为契机进行的思考［J］．湖北开放职业学院学报，2020，33（22）：46-48.

［74］刘筱筠，李婕，徐雨生，廖川江．高校档案信息化建设及其策略［J］．普洱学院学报，2020，36（5）：135-137.

［75］马继群．高校档案信息化建设探析［J］．兰台内外，2020，4（30）：31-32.

［76］许德斌．高校档案工作信息化建设路径研究［J］．黔南民族师范学院学报，2020，40（5）：126-128.

［77］黄丽．高校档案信息化建设的影响因素和对策［J］．电子技术与软件工程，2020，（20）：259-260.

［78］徐微微．大数据环境下高校档案信息化建设问题及对策分析［J］．吉林化工学院学报，2020，537（10）：61-62+70.

［79］刘平，雷励，刘淑妮．大数据时代高校档案信息化建设途径分析［J］．档案天地，2020，4（10）：50-51.

［80］夏秀琴．加快地方高校档案信息化建设的对策研究［J］．湖州师范学院学报，2020，42（9）：106-109.

［81］张占武．论西部高校档案信息化［J］．兰台内外，2020，5（29）：4-6．

［82］韩云松．高校人力资源档案管理及信息化建设分析［J］．科学咨询（科技·管理），2020，4（9）：66-67．

［83］邱慧．浅析信息化建设大背景下高校学籍档案管理建设［J］．数码世界，2020，8（9）：220-221．

［84］高小丽．新时期在高校档案信息化建设中的问题探讨［J］．云南档案，2020，7（8）：57-58．

［85］韩超．人力资源管理视角下的高校人事档案信息化建设［J］．兰台内外，2020，4（25）：25-27．

［86］程丽丽，程鹏，庄宁．浅谈新《条例》背景下的高校干部人事档案信息化建设［J］．兰台内外，2020，3（25）：19-21．

［87］曹璐，蒋飞．浅析新经济时代加强高校档案信息化建设的路径［J］．科技风，2020，4（22）：148+155．

［88］刘歌与．高校档案信息化建设探究［J］．机电兵船档案，2020，5（4）：38-40．

［89］张玉爽．高校档案管理信息化建设［J］．信息记录材料，2020，21（8）：75-77．

［90］左晓薇，何大齐，王瑞娜．基于智慧校园下的高校档案信息化建设分析［J］．兰台内外，2020，7（23）：19-21．

［91］黄林．高校学籍档案管理信息化建设研究［J］．青年与社会，2020，5（21）：167-168．

［92］柴艳宾．基于大数据环境下的高校档案信息化建设分析［J］．大众标准化，2020，3（13）：27-28．

［93］王昶．大数据时代下高校基建档案资源信息化建设［J］．中国高新科技，2020，7（13）：44-45．

［94］尚红玉．高校人事档案管理信息建设的价值、困境及路径［J］．中国民族博览，2020，4（12）：249-250．

［95］宋琳．大数据时代高校档案信息化管理探析［J］．西南林业大学学报（社会科学），2020，4（3）：103-105+110．

［96］朱晶，张雪峰．高校档案信息化建设研究综述［J］．长江丛刊，2020，5（17）：127-128．

［97］闫丽侠．"互联网+"视域下高校档案管理信息化建设中的问题及解决方法［J］．黑龙江科学，2020，11（11）：128-129．

［98］金江梅．高校档案信息化建设的影响因素分析与对策研究［J］．兰台内外，2020，3（16）：4-6.

［99］耿强．浅谈高校档案管理信息化建设［J］．才智，2020，5（16）：234.

［100］韩知霖．基于大数据环境下高校档案信息化建设的问题及对应策略分析［J］．计算机产品与流通，2020，4（7）：217.

［101］庞小铭．高校档案管理的信息化建设［J］．西部素质教育，2020，6（9）：118-119.

［102］李爱华．近20年我国高校档案信息化内容建设研究综述［J］．档案管理，2020，5（3）：86-87.

［103］杨舒然．高校人事档案管理信息化建设的价值［J］．办公室业务，2020，4（9）：62+64.

［104］王丽勇．大数据环境下的高校档案信息化管理探讨［J］．赤峰学院学报（自然科学版），2020，36（4）：52-53.

［105］赵燕．浅谈高校档案信息化［J］．内蒙古水利，2020，3（4）：65-66.

［106］张岩．5G互联时代高校档案管理信息化建设探讨［J］．城建档案，2020，9（4）：29-30.

［107］杨雯，张北建．大数据时代高校电子档案信息化建设现状及发展策略［J］．机电兵船档案，2020，1（2）：77-80.

［108］殷承泰，王春晖．浅谈高校档案管理信息化建设［J］．兰台内外，2020，8（10）：13-14.

［109］张丽平，张保芳．高校档案信息化服务探索［J］．办公室业务，2020，7（7）：77-78.

［110］李强．新时期高校档案信息化管理模式探究［J］．长江丛刊，2020，4（10）：144-145.

［111］贺蕊．浅析高校档案信息化管理工作改革与创新要点［J］．兰台内外，2020，3（8）：5-6.

［112］冼玉华．高校档案信息化建设的思考［J］．兰台内外，2020，5（7）：5-6.

［113］陈静．关于高校档案管理信息化建设的探讨［J］．知识文库，2020，（3）：227.

［114］易曙光，刘永海．面向智慧校园的高校档案信息化建设［J］．电脑知识与技术，2020，16（3）：16-17.

[115] 李海瑛. 高校档案信息化建设路径研究 [J]. 兰台内外, 2020, 4（2）: 5-6.

[116] 何满艳. 高校档案管理信息化建设现状与对策 [J]. 侨园, 2020, 5（1）: 159.

[117] 裴学伟, 尹梦. 网络时代高校档案信息化建设 [J]. 中外企业家, 2020, 3（3）: 140.

[118] 林荣. 大数据时代下的高校人事档案管理信息化建设探讨 [J]. 祖国, 2020, 7（1）: 95-96.

[119] 赵纯. 高校档案信息化建设现状与对策思考 [J]. 南方农机, 2019, 50（24）: 114-115.

[120] 秦周旋. 云计算下的高校档案信息化管理应用分析 [J]. 兰台内外, 2019, 4（36）: 27-28.

[121] 李彩娟. 高校档案管理信息化建设路径研究 [J]. 吕梁教育学院学报, 2019, 6（4）: 81-82.

[122] 李雪花. 大数据背景下高校档案管理信息化建设思考 [J]. 兰台内外, 2019, 5（35）: 14-15.

[123] 李晖. 关于国防特色高校档案信息化建设的若干思考 [J]. 黑龙江档案, 2019, 4（6）: 26-27.

[124] 刘晓丽. 高校人事档案信息化建设的实现及其优化 [J]. 环渤海经济瞭望, 2019, 5（12）: 136.

[125] 杨晓兰. 高校人事档案信息化建设工作探究 [J]. 档案时空, 2019, 4（12）: 34-35.

[126] 元绍菊. 高校档案信息化建设对高校档案文化建设的价值研究 [J]. 现代职业教育, 2019, 5（34）: 232-233.

[127] 李晖. 一种适合国防特色的高校档案信息化安全策略 [J]. 机电兵船档案, 2019, 10（6）: 44-45.

[128] 胡程. 大数据时代下的高校人事档案管理信息化建设探讨 [J]. 中国管理信息化, 2019, 22（23）: 158-159.

[129] 李佳. 民办高校文书档案信息化建设探讨 [J]. 轻纺工业与技术, 2019, 48（11）: 113-114.

[130] 许淼, 王长建, 谢梦. 高校档案信息化建设的新思考 [J]. 办公室业务, 2019, 22（22）: 99-100.

[131] 郑蕾. 高校科研档案管理信息化建设探析 [J]. 兰台内外, 2019, 4（32）: 5-6.

［132］王杰珍．浅谈高校档案管理信息化建设［J］．企业科技与发展，2019，12（11）：297-298．

［133］林荣．高校人事档案管理信息化建设的价值、困境及其对策［J］．兰台内外，2019，52（31）：11-12．

［134］刘晓丽．大数据视域下高校人事档案信息化建设的思与行［J］．农家参谋，2019，55（21）：257．

［135］蒋周凌．高校档案信息化存在的问题及应对策略［J］．广西广播电视大学学报，2019，30（5）：90-93．

［136］段园园．网络时代高校档案信息化建设［J］．智库时代，2019，30（43）：111+116．

［137］王夏婷．探讨高校档案信息化管理的安全策略［J］．侨园，2019，9（10）：80．

［138］张立君．高校财务档案管理信息化建设［J］．国际公关，2019，1（10）：190．

［139］付艳．"互联网+"时代对高校档案信息化建设的思考［J］．知识文库，2019，20（19）：191-192．

［140］张玉龙．高校档案管理信息化建设路径研究［J］．办公室业务，2019，1（19）：82-83．

［141］周臻君．高校档案信息化管理工作改革与创新发展［J］．办公室业务，2019，4（19）：87+89．

［142］刘宇洁．如何加强高校档案信息化建设［J］．机电兵船档案，2019，69（5）：64-65．

［143］李英．高校人事档案管理信息化建设研究［J］．知识经济，2019，4（28）：128+130．

［144］刘鑫．基于云计算的高校档案信息化管理应用研究［J］．电子世界，2019，4（18）：72-73．

［145］王尚祥．高校档案管理信息化建设探析［J］．现代职业教育，2019，5（27）：230-231．

［146］李慧．高校档案管理信息化建设的思考［J］．城建档案，2019，4（9）：26-27．

［147］邓婷．浅议高校档案信息化建设与公共服务能力［J］．办公室业务，2019，9（18）：102．

［148］李欣．"互联网+"思维下高校档案信息化建设研究［J］．兰台内外，2019，10（25）：11-12．

[149] 付煜．新时期高校人事档案管理信息化建设探讨 [J]．办公室业务，2019，4（17）：60+70．

[150] 王志丽．浅谈高校人事档案管理信息化建设 [J]．才智，2019，1（23）：210．

[151] 汪佐民．区块链技术在高校档案信息化管理中的应用初探 [J]．湖北科技学院学报，2019，39（4）：122-126．

[152] 周玉玲．大数据发展对推动高校基建档案资源信息化建设的分析 [J]．山东档案，2019，5（4）：40-41．

[153] 刘瑛．新形势下高校档案信息化建设中存在的问题及对策 [J]．黑龙江档案，2019，2（4）：95．

[154] 刘宇洁．如何进行国防特色高校档案信息化建设 [J]．黑龙江档案，2019，5（4）：36-37．

[155] 贺昕．高校档案管理信息化建设研究 [J]．现代盐化工，2019，46（4）：147-148．

[156] 涂小丽．浅析高校财务档案管理信息化建设 [J]．中国农业会计，2019，4（8）：14-15．

[157] 郭倩．大数据背景下高校档案管理信息化建设分析 [J]．青年与社会，2019，12（22）：170-171．

[158] 马丹．高校档案信息化建设中的突出问题与对策 [J]．百科知识，2019，7（21）：10+24．

[159] 王秀梅．关于高校学生档案管理信息化建设的思考 [J]．城建档案，2019，1（7）：40-41．

[160] 刘昊瑜．探析高校档案信息化建设与管理 [J]．黑河学院学报，2019，10（7）：216-217．

[161] 陈军．大数据环境下高校档案信息化建设问题及对策 [J]．通讯世界，2019，26（7）：9-10．

[162] 涂小丽．浅析高校财务档案管理信息化建设 [J]．农村经济与科技，2019，30（13）：323-324．

[163] 孟祥富．大数据环境下的高校档案信息化管理探讨 [J]．档案管理，2019，4（4）：85-86+88．

[164] 段园园．大数据时代下高校档案信息化管理方法探析 [J]．兰台内外，2019，5（19）：9-10．

[165] 孙伟娜．高校档案信息化服务的影响因素及策略探索 [J]．才智，2019，2（19）：221．

［166］杨琼丽，宁国安．大数据背景下高校档案管理信息化建设研究［J］．东西南北，2019，33（13）：233.

［167］李巧兰．浅析高校档案信息化管理工作改革与创新［J］．兰台内外，2019，12（18）：63-64.

［168］刘晓蕾．高校档案信息化建设的安全问题与完善策略研究［J］．中国管理信息化，2019，22（12）：151-152.

［169］郎文香，崔然．高校教学档案信息化建设与教学资源共享的互促作用研究［J］．兰台内外，2019，21（17）：9-10.

［170］许德斌．"互联网+"背景下高校档案信息化建设路径研究［J］．山东农业工程学院学报，2019，36（6）：184-185+192.

［171］刘飞，孔媛媛，宁秋辰，孙承庭．基于云计算的高校档案信息化管理应用研究［J］．江苏经贸职业技术学院学报，2019，9（3）：64-66.

［172］王月霞，韩世明．大数据时代西部高校人事档案管理系统信息化建设探究——以六盘水师范学院为例［J］．办公室业务，2019，（11）：58-59.

［173］李平．高校档案信息化管理的趋势、困境与对策分析［J］．兰台内外，2019，8（15）：36-37.

［174］李平．高校档案信息化管理的趋势、困境与对策分析［J］．智库时代，2019，7（21）：58-59.

［175］祖盼云．大数据背景下高校档案信息化管理体系建设的思考［J］．教育教学论坛，2019，5（21）：9-10.

［176］轩双霞．新媒体时代高校档案信息化建设策略探析［J］．计算机产品与流通，2019，7（6）：107.

［177］张晶．大数据背景下高校档案信息化管理探析［J］．兰台内外，2019，8（14）：8-9.

［178］张红梅．高校档案信息化管理中的问题及对策［J］．文教资料，2019，7（14）：127-128.

［179］郭杨．新时期高校档案的信息化建设途径［J］．办公室业务，2019，5（9）：58+61.

［180］贺国理．高校档案管理信息化建设的思考和探讨［J］．信息记录材料，2019，20（5）：81-82.

［181］宋争平．高校财务会计档案信息化建设及应用分析［J］．大众投资指南，2019，4（9）：143+145.

［182］王青．五大发展理念视角下高校档案信息化建设的难点和对策［J］．延边教育学院学报，2019，33（2）：104-106+109.

［183］窦海燕．"互联网+"背景下高校档案信息化安全建设研究［J］．中国管理信息化，2019，22（8）：184-185.

［184］黄晓云．"互联网+"思维下高校档案信息化建设［J］．档案时空，2019，5（4）：58-59.

［185］江媛．大数据时代高校档案信息化建设发展研究［J］．散文百家，2019，4（4）：209-210.

［186］宋慧．高校档案管理信息化建设研究［J］．兰台世界，2019，5（4）：73-76.

［187］张晓培．高校档案信息化建设中的问题与对策思考［J］．兰台内外，2019，9（10）：16-17.

［188］屈俊华．高校档案信息化建设与管理——以青海大学为例［J］．办公室业务，2019，7（7）：62.

［189］张欢欢．大数据背景下高校档案管理信息化建设研究［J］．办公室业务，2019，4（6）：99.

［190］郎文香．高校档案信息化建设的制约因素分析［J］．吉林广播电视大学学报，2019，3（3）：122-124.

［191］张文雅．对高校档案信息化建设的思考与探讨［J］．科教导刊（中旬刊），2019，2（8）：16-17.

［192］徐琴．高校后勤档案管理工作信息化建设探析［J］．智库时代，2019，1（9）：71-72.

［193］马长松．大数据时代背景下高校档案信息化管理的研究［J］．知识经济，2019，7（7）：121-122.

［194］郑新兴．高校档案信息化建设策略刍议［J］．办公室业务，2019，3（4）：65-66.

［195］董金玲．高校档案信息化建设现状与对策［J］．陕西档案，2019，6（1）：27-28.

［196］赤光春，田端．高校档案信息化管理的策略分析［J］．电子世界，2019，7（4）：17+19.

［197］许德斌．大数据背景下高校档案管理信息化建设研究［J］．山东农业工程学院学报，2019，36（2）：48-49+102.

［198］李娟．试论高校档案管理信息化建设［J］．山东档案，2019，8（1）：53-54.

［199］张阳．高校数字化档案与信息化建设的关联研究［J］．智富时代，2019，5（2）：126.

［200］杨军．高校档案工作信息化建设思考［J］．现代职业教育，2019，4（4）：184-185.

［201］温静．论高校档案信息化安全［J］．新西部，2019，4（3）：63-64.

［202］姚小菊．信息安全建设背景下高校档案信息化的建设［J］．兰台内外，2019，5（2）：11-12.

［203］叶育红．高校干部人事档案数字信息化建设探索与实践——以中国地质大学（北京）为例［J］．中国地质教育，2018，27（4）：52-55.

［204］朱玉明，李华，曹琳．内蒙古高校档案信息化建设及蒙古文档案管理研究［J］．文化创新比较研究，2019，3（2）：167-170.

［205］贺莉，程依萍．高校档案信息化建设的影响因素及优化路径［J］．当代教育实践与教学研究，2019，5（2）：25-26.

［206］吴玲．地方高校档案信息化管理模式研究［J］．中国集体经济，2019，4（3）：53-54+146.

［207］梁静．高校档案信息化建设现状分析［J］．产业与科技论坛，2019，18（1）：270-271.

［208］王青．五大发展理念视角下高校档案工作信息化建设研究［J］．兰台内外，2018，5（13）：58-59.

［209］肖亚春．从大数据角度浅析高校档案管理信息化建设［J］．办公室业务，2018，9（24）：91.

［210］谭邦柱．高校档案管理信息化建设探讨［J］．办公室业务，2018，7（24）：92.

［211］刘薇．浅谈地方高校档案的精细化管理与信息化建设［J］．中国管理信息化，2018，21（24）：183-184.

［212］高卫萍．基于大数据的高校档案管理信息化建设分析［J］．兰台内外，2018，7（12）：3-4.

［213］庞海青．浅谈新时代加强高校档案信息化管理的有效途径［J］．青年与社会，2018，13（34）：159.

［214］徐微微．高校档案管理信息化建设研究［J］．现代营销（创富信息版），2018，5（12）：168.

［215］刘菁．浅谈高校学籍档案信息化建设的问题与对策［J］．兰台内外，2018，4（9）：5-6.

［216］刘萍．DT时代下高校档案服务信息化建设深析［J］．湖北开放职业学院学报，2018，31（21）：57-58.

[217] 赵丹. 浅谈高校档案信息化建设 [J]. 中国管理信息化, 2018, 21 (22): 157-158.

[218] 张蓉. 高校档案信息化管理的安全隐患及对策分析 [J]. 现代职业教育, 2018, 5 (31): 266-267.

[219] 毛清玉. 大数据环境下高校档案信息化建设问题及对策 [J]. 兰台世界, 2018, 3 (11): 50-53.

[220] 穆新参. 高校档案信息化服务的影响因素及策略探索 [J]. 兰台内外, 2018, 7 (8): 9-10.

[221] 姜晓琴. 论高校档案信息化管理背景下档案管理员的素质建设 [J]. 智库时代, 2018, 5 (44): 113-114.

[222] 牛科. 大数据推动高校基建档案信息化建设的应用分析 [J]. 城建档案, 2018, 8 (10): 15-16.

[223] 许德斌. 高校档案信息化安全体系建设探究 [J]. 黔南民族师范学院学报, 2018, 38 (5): 125-128.

[224] 吴靖慧. 高校档案信息化建设探析 [J]. 文存阅刊, 2018, 9 (20): 11.

[225] 李娇. 浅谈社交媒体对高校档案信息化的影响 [J]. 档案时空, 2018, 8 (10): 44-45.

[226] 丁蕊. 分析高校档案管理的信息化建设 [J]. 智库时代, 2018, 6 (41): 55-56.

[227] 卓玛吉. 高校档案信息化的优势和风险分析 [J]. 兰台世界, 2018, 7 (10): 50-52.

[228] 李娇. 浅谈高校档案信息化建设 [J]. 兰台内外, 2018, 8 (5): 7-8.

[229] 李兴丽. 新时期高校电教档案信息化建设与公共服务能力的实践与思考 [J]. 兰台内外, 2018, 9 (5): 63-64.

[230] 王雪妮. 高校档案管理信息化建设要点分析 [J]. 办公室业务, 2018, 7 (19): 66.

[231] 王海珍. 高校档案管理信息化建设的问题与对策 [J]. 办公室业务, 2018, 8 (19): 68.

[232] 缪文桂. 大数据时代地方高校档案信息化管理的现实问题与推进策略 [J]. 办公自动化, 2018, 23 (17): 53-55+61.

[233] 连伊娜, 文佑云. 数字化时代高校教学档案信息化建设的策略研究 [J]. 发明与创新 (大科技), 2018, 4 (9): 33-35.

［234］曹卓瑜．法治环境下高校档案信息化建设探究［J］．城建档案，2018，5（8）：24-27．

［235］许建华．"互联网+"背景下的高校档案信息化建设［J］．城建档案，2018，4（8）：42-43．

［236］常佳．高校学生档案管理信息化建设的探索与思考［J］．课程教育研究，2018，4（34）：252．

［237］李晓霞．加强高校档案管理信息化建设的有效策略研究［J］．中国市场，2018，6（22）：107-108．

［238］李雯雯．浅论高校档案信息化建设［J］．机电兵船档案，2018，7（4）：80-81．

［239］宋艳红．大数据时代的高校档案信息化建设［J］．信息与电脑（理论版），2018，5（14）：209-210+213．

［240］周玉玲．大数据时代如何推动高校基建档案资源信息化建设［J］．城建档案，2018，9（7）：31-32．

［241］陈政．高校人事档案管理信息化建设探讨［J］．城建档案，2018，1（7）：29-30．

［242］亢云洁．大数据时代背景下高校人事档案的信息化建设［J］．科技视界，2018，5（21）：125-126．

［243］刘琴．基于教育信息化时代的高校档案信息化管理建设探析［J］．中国管理信息化，2018，21（14）：164-165．

［244］姚思宇．试论高校档案管理信息化建设［J］．农家参谋，2018，8（14）：159．

［245］徐娟．我国高校档案信息化研究可视化分析［J］．兰台世界，2018，7（7）：32-35．

［246］邵永同．高校科研档案信息化建设的对策研究［J］．档案学研究，2018，5（3）：95-99．

［247］黄华．基于文档一体化管理探究高校档案信息化建设［J］．办公室业务，2018，8（12）：86．

［248］蔡杨．对做好新时代高校档案信息化管理工作的思考［J］．陕西档案，2018，7（3）：40-41．

［249］倪徽．高校档案管理信息化建设的实践发展路径［J］．山西青年，2018，10（12）：120+119．

［250］穆新参．浅析高校档案信息化建设［J］．档案时空，2018，11（6）：20-21．

［251］周莹莹．新时期高校人事档案管理信息化建设思考［J］．办公室业务，2018，2（11）：48.

［252］焦丹琼．对高校档案信息化建设的思考［J］．信息记录材料，2018，19（6）：238-239.

［253］樊英．信息安全建设背景下高校档案信息化的建设［J］．办公室业务，2018，2（10）：147.

［254］吴亚平．高校档案管理信息化建设的思考和探讨［J］．文化创新比较研究，2018，2（14）：126-127.

［255］余芳．高校档案信息化安全策略探究［J］．中国管理信息化，2018，21（9）：140-142.

［256］卢飞斌．当前国内高校档案信息化建设问题研究［J］．呼伦贝尔学院学报，2018，26（2）：43-46.

［257］黄凡珏．当前高校教学档案信息化建设的问题与对策［J］．兰台内外，2018，12（2）：58-59.

［258］解云菲．浅谈高校档案信息化资源整合服务研究［J］．办公室业务，2018，7（8）：86.

［259］朱培芳．浅析新时代加强高校档案信息化管理的有效途径［J］．四川档案，2018，31（2）：31-32.

［260］张丽娜．大数据时代高校人事档案信息化建设中的个人信息隐私权保护［J］．山西档案，2018，2（2）：70-72.

［261］王玲．论信息化建设在现代高校档案管理的应用［J］．文存阅刊，2018，3（8）：58.

［262］郑立梅．对高校档案信息化管理中的安全风险研究［J］．文存阅刊，2018，1（8）：61.

［263］杨辉．新时期高校档案管理信息化建设的路径探讨［J］．技术与市场，2018，25（4）：207-208.

［264］李佳．新时期高校档案信息化管理模式研究［J］．领导科学论坛，2018，5（7）：71-72.

［265］陈炤红．成人高校档案管理信息化建设的探讨［J］．办公室业务，2018，7（7）：51+54.

［266］郭丹．高校档案管理信息化建设研究［J］．电大理工，2018，3（1）：27-28+30.

［267］何庆．数字化时代推动高校档案管理信息化建设的路径［J］．电子技术与软件工程，2018，1（6）：232.

[268] 张倩. 高校档案信息化建设现状与对策分析 [J]. 赤峰学院学报（自然科学版），2018，34（3）：51-52.

[269] 李兴春. 高校数字化档案与信息化建设的关联分析 [J]. 城建档案，2018，7（3）：13-14.

[270] 白晶. 高校档案管理信息化建设的途径分析 [J]. 办公室业务，2018，4（6）：97.

[271] 孙清. 高校档案信息化管理中存在的问题与对策 [J]. 新西部，2018，5（8）：90+81.

[272] 周爱芳. 新媒体背景下高校档案信息化建设研究 [J]. 兰台内外，2018，7（1）：27-28.

[273] 谈芳吟. 高校档案管理信息化建设的现状及存在问题对策 [J]. 管理观察，2018，5（6）：140-141.

[274] 杜昀蕙. 大数据下高校人事档案信息化建设的新思考 [J]. 企业改革与管理，2018，4（4）：95-96.

[275] 韦凤春. 高校图书档案信息化建设面临的机遇及挑战 [J]. 长江丛刊，2018，5（5）：233-234.

[276] 马鑫. 高校审计档案管理信息化建设初探 [J]. 现代经济信息，2018，5（3）：154.

[277] 万玉侠. 新时期下高校档案管理信息化建设研究 [J]. 现代交际，2018，4（2）：175-176.

[278] 胡雨青. 谈新形势下高校档案管理的信息化建设 [J]. 才智，2018，9（3）：95.

[279] 冯瑞芳. 高校人事档案管理信息化建设问题的探究 [J]. 北方文学，2018，4（2）：171.

[280] 王媛媛. 高校档案信息化发展趋势与设想 [J]. 中国信息化，2018，5（1）：82-83.

[281] 那朝霞，张琳. 高校人事档案信息化建设的实现及其优化 [J]. 中国管理信息化，2018，21（1）：124-125.

[282] 姜晓琴. 论新时期高校档案信息化建设 [J]. 山西农经，2017，21（24）：87.

[283] 唐阿涛. 新建本科高校人事档案信息化建设探析 [J]. 山东工会论坛，2017，23（6）：106-108.

[284] 张美燕. 新形势下高校档案信息化建设 [J]. 经贸实践，2017，13（23）：343.

［285］覃正纳，刘迎春．浅析高校档案信息化管理工作改革与创新要点［J］．教育教学论坛，2017，36（50）：24-25.

［286］丁丽丽．高校成人继续教育档案管理工作信息化建设［J］．传播力研究，2017，1（12）：232.

［287］单乐乐．浅析高校档案管理的信息化建设［J］．知识文库，2017，15（23）：204.

［288］张荣．实施文档一体化管理推进高校档案信息化建设［J］．办公室业务，2017，15（23）：123.

［289］林秀．高校档案信息化管理问题及对策研究［D］．福州：福建师范大学，2017.

［290］王琳琳．实施文档一体化管理推进高校档案信息化建设［J］．办公室业务，2017，（22）：80.

［291］石冰．高校教学档案信息化建设探讨［J］．现代农业，2017，14（11）：102-103.

［292］冯睿琳．高校教学档案管理信息化建设的实际探索［J］．才智，2017，8（28）：144.

［293］王莹．浅谈高校图书馆办公室档案管理信息化建设［J］．办公室业务，2017，7（19）：50+52.

［294］闵斌．浅谈高校档案管理信息化建设［J］．参花（上），2017，9（10）：123.

［295］宫毅敏．大档案视角下的高校档案信息化建设［J］．山西档案，2017，8（5）：77-79.

［296］张祝杰．高校档案信息化建设的探讨［J］．办公室业务，2017，24（18）：104-105.

［297］姜潮．刍议高校档案管理的信息化建设［J］．阜阳职业技术学院学报，2017，28（3）：87-89.

［298］钱靖．数字化时代高校档案管理信息化建设探讨［J］．山西青年，2017，3（17）：218.

［299］刘建民．河南省高校档案管理信息化建设路径研究［J］．兰台世界，2017，5（17）：53-55.

［300］陈清钦．"五大发展理念"下的高校档案信息化建设探析［J］．兰台世界，2017，7（17）：57-60.

［301］施秀平．高校学籍档案信息化建设的思考［J］．武夷学院学报，2017，36（8）：86-89.

［302］于萧潇．天津高校档案信息化建设研究［J］．城建档案，2017，5（8）：20-21.

［303］丁华英．实施文档一体化管理推进高校档案信息化建设［J］．明日风尚，2017，45（16）：271+212.

［304］赵旭，辛玉明．大数据背景下高校档案信息化管理探析［J］．兰台内外，2017，5（4）：24.

［305］王利荣．浅析高校财务会计档案信息化建设及应用［J］．内蒙古师范大学学报（教育科学版），2017，30（8）：32-34.

［306］连伊娜．广东省高校档案信息化建设中的云计算应用［J］．兰台世界，2017，3（16）：40-42.

［307］李小芳．"互联网+"形势下高校档案信息化建设存在的问题及解决路径研究［J］．延安职业技术学院学报，2017，31（4）：34-35+39.

［308］潘海燕．高校档案管理信息化建设问题探究［J］．信息与电脑（理论版），2017，9（15）：28-29+32.

［309］徐茵．新时期高校档案信息化管理现状及建设思考［J］．兰台世界，2017，8（15）：58-60.

［310］崔春雷．分析高校档案信息化建设中校园网的推动作用［J］．信息记录材料，2017，18（8）：110-111.

［311］王霞，王婷婷．"三严三实"促进高校干部档案管理信息化建设［J］．办公室业务，2017，5（14）：66-67.

［312］陈竹．浅谈高校档案管理信息化建设［J］．黑河学刊，2017，3（4）：187-188.

［313］杨蓉．高校档案资源管理信息化建设的困境及其对策［J］．环球市场信息导报，2017，4（25）：122-123.

［314］李晖．高校档案信息化系统架构与实现方法探讨［J］．兰台世界，2017，5（1）：13.

［315］马艳．高校档案信息化现状及对策分析［J］．办公室业务，2017，9（13）：44-45.

［316］范晓燕，闫琳，牛艳莉．高校档案管理工作信息化建设探析［J］．内蒙古科技与经济，2017，5（12）：17+19.

［317］崔玉宝，张巍筠，耿建涛，龚津莉．高校档案信息化管理平台的建设策略研究［J］．北华航天工业学院学报，2017，27（3）：46-48.

［318］陈莞露．高校档案信息化管理的现状及对策研究［J］．新课程（下），2017，5（6）：207.

[319] 白晶．关于加强高校档案信息化建设的探讨 [J]．办公室业务，2017，5（12）：97+121．

[320] 游成梅．"互联网+"时代对高校档案信息化建设的思考 [J]．城建档案，2017，9（6）：22-23．

[321] 戴秀文．试论高校档案信息化管理 [J]．内江科技，2017，38（6）：13+16．

[322] 胡维维．高校档案信息化建设现状与对策探究 [J]．淮北师范大学学报（哲学社会科学版），2017，38（3）：141-144．

[323] 修雪丽．实施文档一体化管理推进高校档案信息化建设 [J]．考试周刊，2017，36（50）：182．

[324] 石言民．高校档案管理信息化建设探究 [J]．文教资料，2017，28（17）：132-133．

[325] 范文琪．新时期我国高校档案信息化建设路径研究 [J]．办公室业务，2017，8（11）：43-44．

[326] 薛丽．实行文档一体化管理促进高校档案信息化建设与发展 [J]．办公室业务，2017，9（11）：120．

[327] 谭果．教育信息化发展时代高校档案信息化管理建设的研究 [J]．科技风，2017，8（10）：278．

[328] 尹允．关于高校档案信息化建设的探讨 [J]．办公室业务，2017，8（10）：42．

[329] 孙毅．高校档案管理信息化建设探讨 [J]．科学大众（科学教育），2017，7（5）：138．

[330] 刘虹．高校档案管理信息化建设要点分析 [J]．才智，2017，9（14）：133．

[331] 曹方玲．数字化时代高校档案管理信息化建设模式初探 [J]．科技创新导报，2017，14（14）：222-223．

[332] 余利娜．高校干部人事档案信息化建设研究 [J]．档案天地，2017，8（5）：30-33．

[333] 杨文文．实施文档一体化管理推进高校档案信息化建设 [J]．明日风尚，2017，（9）：105．

[334] 戴彦．高校档案管理信息化建设的实践与探索 [J]．中国管理信息化，2017，20（9）：181-183．

[335] 国忠．高校档案管理信息化建设与思路探索 [J]．产业与科技论坛，2017，16（9）：256-257．

［336］曹卫芳．高校档案管理信息化建设与建议［J］．城建档案，2017，7（4）：17-18．

［337］王炽．高校档案信息化建设中电子政务网的融入研究［J］．兰台内外，2017，8（2）：31．

［338］刘阳．"云计算"在高校档案信息化建设中的应用［J］．科技信息，2013，8（25）：238+291．

［339］沙敏，张晨．高校档案信息化管理的现状及对策分析［J］．现代经济信息，2017，3（7）：124．

［340］张丽娜．大数据时代高校人事档案信息化建设的问题与对策［J］．山西档案，2017，4（2）：71-73．

［341］林燕卿．高校文书档案管理信息化建设存在的问题及对策研究——以泉州经贸职业技术学院为例［J］．江西电力职业技术学院学报，2017，30（1）：48-50．

［342］赵恒．浅谈高校档案管理信息化建设［J］．职业技术，2017，16（3）：33-34．

［343］周丽娜．论高校档案信息化管理平台的建设［J］．科学中国人，2017，5（9）：120．

［344］孟高．西藏高校档案信息化建设研究［J］．西藏大学学报（社会科学版），2017，32（1）：191-194．

［345］任平．高校人事档案管理信息化建设［J］．兰台世界，2017，25（6）：45-47．

［346］白海珍．高校档案信息化建设的影响因素分析与完善对策［J］．才智，2017，31（8）：179．

［347］周丽娜．高校档案信息化建设人才的培养［J］．科学家，2017，5（5）：62+66．

［348］李梅．高校数字化档案与信息化建设的关联性研究［J］．办公室业务，2017，4（5）：54．

［349］陈丹．高校档案信息化管理分析［J］．办公室业务，2017，3（5）：105．

［350］郭艺．高校档案管理信息化建设路径探究［J］．城建档案，2017，9（2）：27-28．

［351］詹秀琴．浅析高校档案管理信息化建设［J］．黑龙江科技信息，2017，5（6）：178．

［352］魏欣．关于强化高校档案信息化建设工作的思考［J］．赤子（上中

旬），2017，8（3）：144.

[353] 肖蓉. 浅谈高校档案管理信息化建设 [J] . 中国管理信息化，2017，20（3）：167-168.

[354] 马丹. 新形势下高校档案信息化建设与发展研究 [J] . 魅力中国，2017，7（5）：31.

[355] 陈曼煜. 刍议高校人事档案管理信息化建设 [J] . 山西档案，2017，9（1）：76-78.

[356] 刘春意. 网络背景下的高校档案信息化建设现状及策略分析 [J] . 时代农机，2017，44（1）：200-201.

[357] 马锐. 关于高校档案管理信息化建设的探讨 [J] . 办公室业务，2017，8（2）：77-78.

[358] 陈勇. 高校档案管理信息化建设中的问题分析及对策研究 [J] . 才智，2017，7（3）：54+56.

[359] 谭鲜梅. 新时期高校会计档案信息化建设的相关探索 [J] . 中外企业家，2017，8（3）：240.

[360] 任南竹. 大数据时代下的高校人事档案管理信息化建设探讨 [J] . 劳动保障世界，2017，6（3）：51+53.

[361] 刘亚君. 新媒体环境下高校档案管理信息化建设策略 [J] . 镇江高专学报，2017，30（1）：48-50.

[362] 周蕾. 高校干部人事档案科学管理之路——信息化建设 [J] . 经贸实践，2017，4（1）：160-161.

[363] 李梅. 浅谈高校档案管理信息化建设 [J] . 赤子（上中旬），2017，5（2）：173.

[364] 芦利萍. 高校档案管理信息化建设分析 [J] . 信息与电脑（理论版），2017，9（1）：43-44.

[365] 刘朝文. 基于区域视野的高校档案信息化建设的思考 [J] . 办公室业务，2017，8（1）：22-23.

[366] 符昌慧. 信息时代高校档案信息化建设研究 [J] . 办公室业务，2016，7（24）：89-90.

[367] 刘萍. 浅析高校档案信息化建设 [J] . 科学中国人，2016，8（36）：83.

[368] 田园. 我国高校档案信息化建设现状探析 [J] . 知音励志，2016，4（23）：252-253.

［369］王晓慧，谭映月，张瑞．我国高校档案信息化建设研究论文的计量分析［J］．黑龙江档案，2016，16（6）：37.

［370］董丽彬．浅谈加快高校档案信息化建设［J］．科学中国人，2016，5（35）：50.

［371］薛寒．民办高校档案管理信息化建设的策略分析［J］．智能城市，2016，2（11）：25.

［372］白明．浅析高校档案信息化管理工作［J］．内蒙古科技与经济，2016，6（21）：22+24.

［373］吴冬梅．基于信息化建设的高校档案管理探究［J］．通讯世界，2016，4（21）：215-216.

［374］罗珊．高校档案信息化建设存在的问题及策略研究［J］．兰台世界，2016，9（21）：45-47.

［375］吴冬梅．浅析新时代我国高校档案信息化管理工作的重要性［J］．通讯世界，2016，30（20）：210-211.

［376］王红．高校人事档案信息化建设的问题及对策［J］．黑龙江科学，2016，7（20）：78-79.

［377］孙长山，王宇．高校档案信息化建设研究［J］．黑龙江档案，2016，1（5）：64.

［378］赵彦．高校档案信息化建设路径研究［J］．兰台世界，2016，11（20）：41-43.

［379］石建光．民族高校档案管理中的信息化建设［J］．西南民族大学学报（人文社科版），2016，37（10）：237-240.

［380］李晓宇．计算机网络技术在高校学籍档案管理信息化建设中的应用［J］．科技传播，2016，8（19）：130-131.

［381］郭玥妣．高校档案信息化建设存在的问题及有效策略［J］．科教导刊（上旬刊），2016，12（28）：16-17.

［382］王瑞．大数据时代下高校档案信息化建设研究［J］．教育现代化，2016，3（28）：121-123.

［383］颜丽娟．实现高校档案信息化的管理与建设［J］．科技展望，2016，26（26）：247.

［384］董博宇．关于新时期高校档案管理信息化建设的几点思考［J］．知音励志，2016，15（17）：251.

［385］陈宁．浅谈高校档案管理信息化建设［J］．中小企业管理与科技（中旬刊），2016，9（9）：24-25.

［386］雷宾宾．高校体育教学档案的信息化建设研究［J］．湖南邮电职业技术学院学报，2016，15（3）：90-91+107.

［387］金芳．基于文档一体化的高校档案信息化管理研究［J］．中国管理信息化，2016，19（17）：189.

［388］周丽．高校档案如何开展信息化建设［J］．西部皮革，2016，38（16）：255+261.

［389］杨政婷，肖涛．实施文档一体化管理推进高校档案信息化建设［J］．凯里学院学报，2016，34（4）：138-141.

［390］郎振红．高校档案信息化建设的思考与策略［J］．职业技术，2016，15（8）：36-37.

［391］苏和．高校档案信息化管理工作改革及创新分析［J］．科技传播，2016，8（16）：142-143.

［392］史学艳．高校档案信息化建设问题研究［J］．读天下，2016，8（16）：126.

［393］龙宛苡．浅议西部高校档案管理信息化建设工作［J］．祖国，2016，7（16）：298.

［394］张燕敏．浅谈高校档案管理信息化建设［J］．中国培训，2016，5（16）：90.

［395］郑彩云，向少华．基于大数据的高校档案管理信息化建设探讨［J］．开封教育学院学报，2016，36（8）：215-216.

［396］李凤霞．高校档案信息化管理探讨［J］．河南医学高等专科学校学报，2016，28（4）：352-353.

［397］杜鹃．数字化时代贵阳市高校档案管理信息化建设［J］．佳木斯职业学院学报，2016，6（8）：487-488.

［398］徐晓华．信息时代背景下地方高校档案管理信息化建设路径探索［J］．通讯世界，2016，19（15）：219.

［399］陈锦全．高校档案管理信息化建设研究［J］．读天下，2016，5（15）：209+113.

［400］王宇．高校档案信息化研究的文献计量分析［J］．兰台世界，2016，7（15）：23-25.

［401］晏灿业．高校财务档案信息化建设及意义探索［J］．财会学习，2016，8（15）：57+59.

［402］李芬．高校档案信息化建设探讨［J］．西部皮革，2016，38（14）：228-229.

［403］马丹．浅谈高校档案管理信息化建设［J］．中小企业管理与科技（下旬刊），2016，27（97）：19-20．

［404］李永战．高校档案信息化管理平台的构建及相关问题阐述［J］．高教学刊，201616（13）：161-162．

［405］朱丽娟．实施文档一体化管理推进高校档案信息化建设［J］．办公室业务，2016，5（12）：105．

［406］余芳．高校档案信息化建设研究［J］．电子技术与软件工程，2016，4（10）：235．

［407］毕见品．高校毕业生档案信息化建设策略研究［J］．办公室业务，2016，8（11）：33．

［408］叶月华．浅谈高校档案管理的信息化建设［J］．办公室业务，2016，8（11）：35．

［409］王磊．浅谈高校档案信息化建设［J］．山东工业技术，2016，4（11）：252．

［410］陈书琴．新时期深圳市高校档案管理信息化建设研究［D］．西安：陕西师范大学，2016．

［411］庞碧霞．大数据时代背景下高校档案信息化管理的研究［J］．中小企业管理与科技（下旬刊），2016，41（5）：34-35．

［412］姚恒．重庆市高校档案信息化现状调查及对策研究［J］．西南师范大学学报（自然科学版），2016，41（5）：199-203．

［413］周眙．基于文档一体化管理的高校档案信息化建设研究［J］．中国管理信息化，2016，19（10）：155-156．

［414］曾凡丽．西部地方高校档案管理信息化建设的现实困境与推进路径［J］．教育现代化，2016，3（9）：111-112+115．

［415］钟华．论高校档案管理信息化建设［J］．同行，2016，26（9）：192．

［416］陈小梅．针对高校档案信息化问题的对策［J］．城建档案，2016，44（4）：24-26．

［417］陆文亭．谈高校档案管理信息化建设［J］．读与写（教育教学刊），2016，13（4）：62．

［418］范宏梅．新形势下高校档案信息化建设与发展研究［J］．智富时代，2016，2（4）：237-238．

［419］徐跃红．高校档案信息化建设中的主要影响因素及应对策略［J］．学园，2016，5（9）：34+37．

［420］龙晓燕．浅析高校档案管理信息化建设［J］．科技展望，2016，26（8）：254．

［421］曹亮．高校图书馆档案信息化建设［J］．青春岁月，2016，7（5）：85．

［422］吴振国．新时代背景下高校档案管理信息化建设路径研究［J］．办公室业务，2016，5（5）：44．

［423］李彩霞．数字化时代高校档案管理信息化建设［J］．中国管理信息化，2016，19（5）：185-186．

［424］韩程远，尹飞燕．高校人事档案信息化建设的制约因素与应对策略［J］．知识经济，2016，6（5）：175．

［425］赵钊．高校档案信息化过程中的伦理问题及其对策［J］．福建电脑，2016，32（2）：102-103．

［426］苏桃．高校档案信息化与数字档案馆建设研究［J］．城建档案，2016，8（2）：18-19．

［427］高晓宇．信息化建设在高校档案管理中的分析［J］．才智，2016，7（6）：132．

［428］孙璐．高校图书馆为企业档案信息化建设服务研究［J］．无线互联科技，2016，26（4）：123-124．

［429］马凤波．刍议高校档案信息化建设存在的问题及对策［J］．科学中国人，2016，8（5）：78．

［430］成怡敏，崔广志，杨瑾．陕西省西安市雁塔区高校教职工健康档案信息化建设的现状调查与分析［J］．中国基层医药，2016，23（4）：534-537．

［431］景通．高校档案管理信息化建设［J］．环球市场信息导报，2016，7（5）：103-104．

［432］解咏晋．教育信息化时代下高校档案信息化管理建设研究［J］．知识经济，2016，2（4）：154-155．

［433］黄艾君．高校档案管理信息化建设的探讨研究［J］．办公室业务，2016，34（2）：71．

［434］随凤华．浅谈高校资产档案管理信息化建设［J］．人才资源开发，2016，5（2）：176．

［435］郎志英．高校档案信息化管理工作改革与创新发展［J］．信息化建设，2016，7（1）：168．

［436］刘萍．基于信息化建设的高校档案信息管理技术的统一性研究［J］．电子技术与软件工程，2016，11（1）：232．

［437］罗应梅，唐圣琴，姚红，戴玲，黄凯．贵州省高校档案信息化现状与对策［J］．兰台世界，2016，12（1）：47-49.

［438］张莉莉．高校档案信息化建设之安全问题与完善策略［J］．通化师范学院学报，2015，36（12）：136-138.

［439］莫碧泉．浅谈新时期高校档案信息化建设［J］．中国科教创新导刊，2013，7（25）：215.

［440］刘岩．浅析高校学生档案管理及其信息化建设［J］．企业技术开发，2015，34（35）：75-76.

［441］张强．基于高校档案信息化建设的若干思考［J］．档案天地，2015，2（12）：51-52+20.

［442］王宪民．浅论高校档案信息化的应用［J］．才智，2015，3（34）：34.

［443］王永平．浅谈无线网络时代的高校档案信息化［J］．绥化学院学报，2015，35（12）：139-140.

［444］唐圣琴，姚红，戴玲，罗应梅，黄凯．西南地区高校档案信息化现状——以西南地区四省/市部分高校为例［J］．科技情报开发与经济，2015，25（22）：123-126.

［445］张晓婷．西北地区高校档案信息化建设的困境与对策［J］．青海师范大学民族师范学院学报，2015，26（2）：91-94.

［446］葛雅京．浅谈高校档案管理信息化建设［J］．求知导刊，2015，8（18）：111-112.

［447］刘琛．高校科技产业档案管理信息化建设［J］．中国高校科技，2015，（11）：95-96.

［448］理文，顾伟．关于高校教学档案管理信息化建设若干问题的探讨［J］．办公室业务，2015，8（21）：26-27.

［449］彭丹薇．高校档案管理信息化建设探析［J］．信息系统工程，2015，8（10）：52.

［450］张丽娜．地方高校人事档案信息化建设存在的问题及对策研究［J］．黄冈师范学院学报，2015，35（5）：122-124.

［451］毛建平，刘星言．发展视域下高校治安档案信息化建设的思考［J］．兰台世界，2015，2（29）：92-94.

［452］王荣．高校档案信息化研究综述［J］．办公室业务，2015，3（19）：30-31.

［453］苌燕．对高校档案管理信息化建设的几点思考［J］．办公室业务，

2015，8（19）：33.

[454] 戴秀文. 高校档案信息化建设面临的问题及对策 [J]. 内江科技，2015，36（9）：25+95.

[455] 杨芳. 高校档案信息化建设现状及对策研究 [J]. 山西科技，2015，30（5）：107-109.

[456] 孙云乔，石婧，鲁晶. 浅析教学高校档案信息化建设的必要性 [J]. 雪莲，2015，7（26）：84.

[457] 杜娟. 高校档案管理信息化建设的思考 [J]. 教师，2015，8（26）：114.

[458] 张明英. 高校档案管理信息化建设 [J]. 才智，2015，96（25）：29.

[459] 王杨惠. 浅谈高校档案信息化建设 [J]. 兰台内外，2015，8（4）：72.

[460] 潘建华. 试述有效推进高校档案信息化建设的途径 [J]. 城建档案，2015，7（8）：11-12.

[461] 范雪香. 基于推动高校档案信息化建设的几点思考 [J]. 城建档案，2015，8（8）：15-16.

[462] 吴炜. 高校档案信息化建设探究 [J]. 人才资源开发，2015，8（16）：127-128.

[463] 王晶. 高校档案信息化应用研究 [J]. 中国管理信息化，2015，18（16）：216.

[464] 颜萌. 高校档案信息化建设探析 [J]. 中国成人教育，2015，8（15）：90-91.

[465] 牛芙蓉. 高校档案信息化建设的思考 [J]. 新校园（阅读），2015，7（7）：142.

[466] 邵婧，齐鸿雁. 关于新形势下高校档案信息化建设的思考 [J]. 长江丛刊，2015，8（19）：98-100.

[467] 孙靖靖，金丹. 高校档案信息化建设与服务功能拓展 [J]. 兰台世界，2015，5（20）：99-100.

[468] 杨韶妍. 高校档案信息化管理思考 [J]. 办公室业务，2015，8（13）：30-31.

[469] 赵文玲. 高校档案信息化建设的对策研究 [J]. 内蒙古财经大学学报，2015，13（3）：147-149.

[470] 肖永菊，韩瑛. 地方高校档案信息化建设面临的问题及对策 [J]. 科技视界，2015，1（18）：208+225.

［471］杨政婷. 推进高校档案信息化建设的新思路探析［J］. 凯里学院学报，2015，33（2）：184-186.

［472］陈敏. 高校档案信息化建设探析［J］. 中国管理信息化，2015，18（4）：187.

［473］于凤仙. 浅谈高校档案信息化建设中存在的问题及应对策略［J］. 黑龙江史志，2015，11（1）：277.

［474］薛斌，马欢，薛文. 我国高校档案信息化建设存在的问题及对策［J］. 科技资讯，2014，12（25）：216.

［475］李建英. 高校档案信息化建设研究［J］. 长沙铁道学院学报（社会科学版），2014，15（3）：338-339.

［476］马东薇. 高校档案信息化建设的问题及对策探讨［J］. 科技资讯，2013，（25）：221+223.

［477］张莉. 云计算在高校档案信息化建设中的应用［J］. 电脑知识与技术，2013，9（20）：4746-4747.

［478］滕水莲. 浅议高校档案信息化建设中存在的问题与对策［J］. 天津科技，2012，39（2）：44-45.

［479］刘林青. 试论高校档案信息化建设应该遵循的原则［J］. 中国科教创新导刊，2011，22（31）：230.

［480］潘秀明. 高校档案信息化建设探析［J］. 龙岩学院学报，2011，29（5）：134-136.

［481］贾秀琴. 小议高校档案管理的信息化建设［J］. 改革与开放，2011，3（18）：103.

［482］黄海英. 关于加快高校档案信息化建设的几点思考［J］. 考试周刊，2011，1（76）：195.

［483］于娜. 对高校档案信息化建设的思考［J］. 才智，2010，2（27）：160.

［484］陈小芝. 谈网络环境下高校档案信息化建设［J］. 企业家天地（理论版），2010，8（7）：119-120.

［485］许昉. 合并高校档案信息化建设实施策略［J］. 兰台世界，2009，9（24）：22-23.

［486］王颢. 强化高校档案信息化建设的策略分析［J］. 南京审计学院学报，2009，6（4）：104-106.

［487］赵静. 实施文档一体化管理推进高校档案信息化建设［J］. 山东省青年管理干部学院学报，2009，（5）：150-152.

［488］陈希琳．浅谈高校档案信息化建设［J］．科教文汇（下旬刊），2009，7（7）：230+251.

［489］任凤仙，张志军．试论高校档案信息化建设中存在的问题及实施策略［J］．档案学通讯，2008，（6）：63-67.

［490］冯娜．以电子政务网为依托推动高校档案信息化建设［J］．保险职业学院学报，2008，4（5）：89-91.

［491］周凤瑾．浅析高校档案信息化建设［J］．现代经济信息，2008，5（9）：227-228.

［492］吴慧红．数字化时代对高校档案信息化建设的思考［J］．云南档案，2008，9（5）：40-41.

［493］任赞峰．试论高校档案信息化建设［J］．兰台世界，2008，4（6）：23-24.

［494］乔建惠．推进高校档案信息化建设的思考［J］．科技信息（学术研究），2007，4（32）：204.

［495］于晓云．加快信息化建设实现高校教务档案管理现代化［J］．广东化工，2013，40（16）：241+232.

［496］王艳玲．浅谈高校档案管理信息化建设［J］．现代情报，2007，5（6）：63-64+67.

［497］姚一平．浅谈高校档案信息化建设［J］．科技信息（学术研究），2007，4（7）：114.

［498］樊丽君，田佳妤．高校档案信息化建设初探［J］．兰台世界，2007，5（4）：19-20.

［499］陈艳欢．积极推进高校档案信息化建设刍议［J］．图书馆论坛，2004，5（3）：115-116+124.

［500］梁世承．略谈高校档案信息化建设的现状与对策［J］．南宁师范高等专科学校学报，2004，9（2）：57-59.

［501］毛凌．论高校档案信息化管理建设［J］．科技与创新，2015，10（12）：41-42.

［502］郭林峰．知识经济条件下提高高校档案信息化服务水平的思考［J］．黑龙江档案，2015，12（3）：60.

［503］杨丽丽．档案在高校信息化建设中存在的问题与对策［J］．北方经贸，2015，6（6）：213+215.

［504］刘帅伟．我国高校档案信息化研究现状及其展望［J］．兰台世界，2015，4（17）：49-50.

［505］谭春霞．高校档案管理信息化建设现状及对策研究［J］．科技资讯，2015，13（11）：144.

［506］夏刚．关于高校档案管理信息化建设的思考［J］．黑龙江史志，2015，5（11）：129.

［507］陈佩馥．高校档案信息化建设中电子政务网的融入研究［J］．中国管理信息化，2015，18（11）：194-196.

［508］郑青．高校统战工作信息化建设与统战档案［J］．开封教育学院学报，2015，35（5）：227-228.

［509］陈媛华．高校人事档案管理信息化建设的价值、困境及其对策［J］．人力资源管理，2015，18（5）：269-270.

［510］杨培决．实施文档一体化管理推进高校档案信息化建设［J］．职业，2015，9（12）：63-64.

［511］侯光兰．信息化建设对高校人事档案发展趋势的影响研究［J］．人才资源开发，2015，7（8）：216-217.

［512］苏文英．浅议高校档案信息化管理［J］．参花（下），2015，8（4）：150.

［513］周才云，赵晶晶．大数据时代高校档案的信息化建设探析［J］．兰台世界，2015，13（11）：27-28.

［514］杨博文．浅谈高校档案管理信息化建设［J］．人力资源管理，2015，2（4）：164-165.

［515］黄帅．多媒体技术在高校档案信息化管理中的应用［J］．科技传播，2015，7（7）：64-65.

［516］高晓宇，师莹，方冬姝．信息化建设在高校档案管理中的谈论［J］．青春岁月，2015，9（7）：109.

［517］晁卫华．高校离退休教职工档案信息化建设存在的问题及应对策略［J］．中国管理信息化，2015，18（7）：242-243.

［518］丛日丽，张岩．分析高校档案管理信息化建设［J］．赤峰学院学报（自然科学版），2015，31（6）：155-157.

［519］宋绍梅．谈高校档案管理信息化建设［J］．科技资讯，2015，13（9）：140.

［520］李瑞卿，黄显武．地方高校教学档案信息化建设问题及对策研究［J］．山西科技，2015，30（2）：95-97.

［521］伍贺飞．高校财务档案管理信息化建设研究［J］．合作经济与科技，2015，16（6）：138-139.

［522］赵思．试论网络时代的高校档案信息化管理［J］．黑龙江史志，2015，9（5）：134．

［523］吴亚平．高校档案管理信息化建设的问题与对策［J］．科教导刊（上旬刊），2015，（7）：17-18．

［524］刘生湘．云计算环境下高校档案信息化势在必行［J］．城建档案，2015，2（2）：51-54．

［525］封丽静．我国高校档案管理的信息化建设［J］．佳木斯职业学院学报，2015，7（2）：317+319．

［526］韩程远，尹飞燕．高校档案信息化建设要把握的几个问题［J］．中小企业管理与科技（上旬刊），2015，5（2）：75-76．

［527］李兵．高校人事档案管理信息化建设问题的探讨［J］．中小企业管理与科技（下旬刊），2015，6（1）：54-55．

［528］刘彦丽．安全视角下高校档案信息化建设［J］．黔南民族师范学院学报，2015，35（1）：113-116．

［529］谭春霞．浅谈高校档案管理信息化建设［J］．科技资讯，2015，13（3）：146．

［530］贾晓宇．高校档案管理信息化建设的思考［J］．赤峰学院学报（自然科学版），2015，31（1）：181-182．

［531］吴珍．关于高校档案管理信息化建设的思考［J］．黑龙江史志，2015，5（1）：275．

［532］陈丽伊．论高校档案信息化建设中的利与弊［J］．黑龙江史志，2015，4（1）：256+258．

［533］何黎．高校档案信息化建设存在的问题分析［J］．黑龙江科技信息，2014，9（36）：171．

［534］陈琼．浅谈高校档案信息化［J］．经济研究导刊，2014，71（36）：304-305．

［535］牛函娟．新时期高校档案管理信息化建设研究［J］．赤子（上中旬），2014，77（24）：148．

［536］戴宁．基于云计算的高校档案信息化管理［J］．吉林省教育学院学报（中旬），2014，30（12）：132-133．

［537］蒋贞慧．论高校档案信息化管理的有效策略［J］．佳木斯职业学院学报，2014，2（12）：194+196．

［538］杨毅．浅析强化高校档案信息化的实施措施［J］．才智，2014，8（34）：224．

[539] 李红远．浅谈高校档案工作信息化建设 [J]．办公室业务，2014，4（23）：160-161.

[540] 李慧敏．高校人事档案管理的信息化建设思考 [J]．办公室业务，2014，9（23）：169-170.

[541] 谭春霞．浅谈高校档案管理信息化建设 [J]．黑龙江科技信息，2014，7（33）：173.

[542] 赵菊蓉．高校档案信息化建设中电子政务网的融入研究 [J]．管理观察，2014，8（32）：25-26+29.

[543] 陈利．高校档案信息化路径浅析 [J]．科学咨询（科技·管理），2014，5（11）：37-38.

[544] 王永平．浅谈高校档案信息化建设 [J]．绥化学院学报，2014，34（11）：140-142.

[545] 金丹．辽宁省高校档案信息化建设现状研究 [D]．沈阳：辽宁大学，2014.

[546] 黄文凤．基于低碳经济视角的高校档案信息化策略研究 [J]．黑龙江档案，2014，11（5）：46-47.

[547] 张鑫．刍议高校档案信息化建设 [J]．黑龙江档案，2014，6（5）：60-61.

[548] 余红光．基于云计算在高校档案信息化管理中的应用 [J]．黑龙江档案，2014，5（5）：75.

[549] 琪娜．高校档案信息化建设的思考 [J]．内蒙古医科大学学报，2014，36（2）：390-391.

[550] 陈志银．高校档案信息化建设的新探索 [J]．潍坊学院学报，2014，14（5）：113-114.

[551] 钟冬梅．高校档案信息化管理策略研究 [J]．经济与社会发展研究，2014，7（10）：125.

[552] 张茜．数字时代下高校档案管理信息化建设 [J]．兰台世界，2014，4（29）：112-113.

[553] 李熙利．高校档案信息化管理体系构建初探 [J]．科技创新与应用，2014，5（28）：268.

[554] 闭线林．新时期高校档案信息化建设探析 [J]．山西档案，2014，6（5）：69-71.

[555] 刘生湘．云计算环境下高校档案信息化探讨 [J]．湖北档案，2014，5（9）：12-14.

［556］苏媛．高校档案信息化建设的问题分析及对策研究［J］．黑龙江史志，2014，4（17）：226-227．

［557］王萍．数字化时代推动高校档案管理信息化建设的路径分析［J］．办公室业务，2014，6（17）：154-155．

［558］鲍新芬．高校档案信息化建设中的问题与对策［J］．办公室业务，2014，8（17）：166．

［559］陈静．高校档案信息化研究综述［J］．科技广场，2014，7（8）：155-159．

［560］黄琳．高校人事档案管理的规范创新与信息化建设［J］．长春教育学院学报，2014，30（16）：130-131．

［561］王卫平．高校档案信息化建设的影响因素分析及提升策略［J］．新乡学院学报，2014，31（7）：56-58．

［562］李照华．加强高校档案信息化建设的措施［J］．黑龙江档案，2014，5（4）：85．

［563］李晔．加强高校档案信息化建设的途径［J］．黑龙江档案，2014，5（4）：105．

［564］李永红．高校会计档案信息化建设探析［J］．技术与市场，2014，21（8）：253-254．

［565］朱淑丽．高校档案管理信息建设策略研究［J］．黑龙江史志，2014，4（15）：112．

［566］李娟．高校档案工作信息化建设面临的挑战及完善措施［J］．办公室业务，2014，5（15）：163．

［567］谭玮炜．高校人事档案管理信息化建设问题的探讨［J］．现代妇女（下旬），2014，6（7）：256-257．

［568］藏萌，员盼锋．高校档案信息化建设的若干思考［J］．统计与管理，2014，5（7）：157-158．

［569］孙海燕．试论高校档案管理信息化建设［J］．兰台世界，2014，7（20）：21-22．

［570］罗丹．高校档案信息化管理初探［J］．黑龙江史志，2014，5（13）：127-128．

［571］肖春霞．地方高校档案信息化建设探析——以怀化学院档案馆为例［J］．怀化学院学报，2014，33（6）：125-126．

［572］史晓红．高校档案信息化管理的现状及对策研究［J］．网友世界，2014，5（11）：65．

［573］刘影．谈如何做好高校档案信息化建设［J］．黑龙江档案，2014，4（3）：86.

［574］王雅丽．高校档案管理信息化建设探讨［J］．包头职业技术学院学报，2014，15（2）：95-96.

［575］唐昭春．浅谈高校档案信息化管理［J］．办公室业务，2014，9（11）：151-152.

［576］陈海英．高校档案信息化建设中存在的主要问题与对策建议［J］．辽宁经济，2014，7（5）：80-81.

［577］向春华．对高校档案信息化建设的几点思考［J］．黑龙江史志，2014，11（9）：114-116.

［578］杜慧玲．论高校成人继续教育档案管理工作信息化建设［J］．陕西档案，2014，8（2）：26-27.

［579］于鹏涛．高校人事档案信息化建设对策思考［J］．科技资讯，2014，12（12）：248+250.

［580］肖兰芳．浅议高校档案信息化建设存在的问题及对策［J］．湖北档案，201412，（4）：22-23.

［581］闭线林，黄凡珏．聘用制下高校人事档案管理的信息化建设［J］．城建档案，2014，12（4）：67-68.

［582］涂晓英．高校档案信息化建设问题策略研究［J］．黑龙江史志，2014，23（7）：84.

［583］刘静．高校档案管理信息化建设探究［J］．科技情报开发与经济，2014，24（6）：145-146.

［584］蒋纪文．高校档案信息化管理模型的建设［J］．知识经济，2014，14（5）：54.

［585］黄凡珏．基于Web2．0的高校教学档案资源信息化建设［J］．兰台内外，2014，5（1）：36-37.

［586］万蓉．高校人事档案信息化建设的必要性及对策探析［J］．时代教育，2014，7（3）：71.

［587］陈小梅，郑添．系统论的视角：浅议高校档案管理信息化建设的影响因素及策略分析［J］．办公室业务，2014，5（3）：140-142.

［588］余红光．高校档案信息化建设规划与设计及其保障机制［J］．中外企业家，2014，5（3）：151.

［589］路长兰．高校档案管理信息化建设问题探究［J］．中国管理信息化，2014，17（2）：126.

［590］梁建梅．高校档案信息化建设的误区及对策［J］．兰台世界，2014，4（2）：31-32.

［591］刘春霞．高校档案信息化建设［J］．山西青年，2013，5（24）：250.

［592］何强．关于高校档案管理工作信息化建设的思考［J］．办公室业务，2013，6（21）：80-82.

［593］张学．浅谈高校档案管理信息化建设［J］．办公室业务，2013，6（21）：145-146.

［594］崔海生．高校档案管理信息化建设应用分析［J］．办公室业务，2013，4（21）：147.

［595］刘溪．高校基建档案信息化建设的SWOT分析［J］．办公室业务，2013，5（21）：141-142.

［596］于新萍．高校档案信息化建设初探［J］．网友世界，2013，2（23）：70.

［597］沈潇．浅析高校档案信息化建设现状及应用策略［J］．教育教学论坛，2013，3（47）：140-141.

［598］智红华．浅议高校档案信息化发展策略［J］．云南档案，2013，8（11）：58-59.

［599］张占武．如何促进高校档案信息化建设［J］．中国高校科技，2013，5（10）：77-78.

［600］吴月莉，张占武，王亦婷．试析影响高校档案信息化建设的因素［J］．黑龙江档案，2013，9（5）：35.

［601］齐玉民．高校档案信息化建设分析［J］．学园，2013，9（28）：20-21.

［602］李晖．高校档案信息化建设的途径与方法［J］．机电兵船档案，2013，8（5）：66-68.

［603］王凤秀．高校档案管理的信息化建设探索［J］．产业与科技论坛，2013，12（18）：247-248.

［604］夏文．浅谈高校档案信息化建设［J］．湖北档案，2013，7（9）：26.